Angewandte juristische Methodenlehre für Anfänger

D1668172

Georg Steinberg

Angewandte juristische Methodenlehre für Anfänger

Erläutert an Beispielen aus dem Strafrecht

PETER LANG

Frankfurt am Main · Berlin · Bern · Bruxelles · New York · Oxford · Wien

Bibliografische Information Der Deutschen Bibliothek
Die Deutsche Bibliothek verzeichnet diese Publikation in der
Deutschen Nationalbibliografie; detaillierte bibliografische
Daten sind im Internet über <http://dnb.ddb.de> abrufbar.

Satz:
Johanna Creutzburg, Hannover.

Gedruckt auf alterungsbeständigem,
säurefreiem Papier.

ISBN 3-631-55345-5
© Peter Lang GmbH
Europäischer Verlag der Wissenschaften
Frankfurt am Main 2006
Alle Rechte vorbehalten.

Printed in Germany 1 2 3 4   6 7

www.peterlang.de

Inhaltsverzeichnis

Literaturverzeichnis

Adomeit, Klaus:
Rechtstheorie für Studenten, 4. Auflage, Heidelberg 1998

Arzt, Gunther:
Die Strafrechtsklausur, 6. Auflage, München 2000

Larenz, Karl/ *Canaris*, Claus-Wilhelm:
Methodenlehre der Rechtswissenschaft, 3. Auflage, Berlin u.a. 1995

Tröndle, Herbert/ *Fischer*, Thomas:
Strafgesetzbuch und Nebengesetze, 53. Auflage, München 2006

Wank, Rolf:
Die Auslegung von Gesetzen. Eine Einführung, 3. Auflage, Köln u.a. 2005

Anmerkungen:

Das Literaturverzeichnis ist absichtlich auf ein Minimum beschränkt. Bei Abschluss des Manuskripts waren die für 2006 angekündigten Neuauflagen der Werke von *Arzt* und *Canaris* noch nicht erhältlich.

Einleitung: Was ist Methodenlehre?

Beispielfall:

Der bisher sehr erfolgreiche Assistenzarzt A operiert den 23jährigen   1
Patienten P, der bei einem Motorradunfall schwer verletzt wurde. A kann dem P nicht das Leben retten, er behauptet aber, alles medizinisch Mögliche für P getan zu haben. Der Bruder des P, der selbst Arzt ist, behauptet das Gegenteil und meint, dem A sei ein schwerer Kunstfehler unterlaufen, A habe den Tod des P verschuldet. Der Bruder bringt den Fall zur Anzeige, woraufhin die Staatsanwaltschaft ein Ermittlungsverfahren einleitet. Sie beschlagnahmt die Krankenakten und befragt die bei der Operation Anwesenden über deren Verlauf. Diese machen widersprüchliche Angaben, die den A teils be-, teils entlasten. Der Bruder des P macht die Medien auf den Fall aufmerksam. Diese zeigen ein erhebliches Interesse.

Es leuchtet sofort ein, dass die Richter, die in diesem Fall urteilen sollen, vor   2
einer äußerst schwierigen Aufgabe stehen. Sie werden kaum dafür garantieren können, dass das Urteil letztlich tatsächlich richtig und gerecht ausfallen wird. Sie können aber versuchen, sich einem gerechten Urteil möglichst anzunähern, indem sie gewissenhaft Schritt für Schritt vorgehen:

Zunächst werden sie sich trotz der widersprüchlichen Zeugenaussagen eine Überzeugung darüber bilden, wie die Operation tatsächlich abgelaufen ist. Dann werden sie entscheiden, ob dieser von ihnen festgestellte Sachverhalt den Tatbestand einer fahrlässigen Tötung erfüllt, wobei sie, da sie nicht über medizinisches Fachwissen verfügen, einen Spezialisten als Gutachter hören werden. Bei ihrer Entscheidung werden sie sich bemühen, sich nicht durch den Druck der Medien beeinflussen und nicht von Emotionen anstatt von rationalen Erwägungen leiten zu lassen. Schließlich werden sie ein Urteil abfassen, aus dem ihre Beweggründe möglichst klar hervorgehen, denn nur dann wird es den Beteiligten – insbesondere dem Angeklagten im Falle einer Verurteilung – möglich sein, die Entscheidung innerlich zu akzeptieren.

Für diese drei Schritte, die Feststellung des Sachverhalts, die Bewertung des Sachverhalts und die argumentative Begründung des Urteils, ist eine eigene Methodik entwickelt worden, die juristische Methodik.

3   Welchen Standort hat nun die juristische Methodenlehre innerhalb der Rechtslehre? Man kann die Rechtslehre einteilen in die allgemeine und die besondere Rechtslehre. Die besondere Rechtslehre umfasst die Lehren in den verschiedenen konkreten Rechtsgebieten, zum Beispiel die Strafrechtslehre und die Privatrechtslehre. Gegenstand der allgemeinen Rechtslehre, auch Rechtstheorie genannt, sind dagegen Prinzipien, die allgemein, nämlich für alle Rechtsgebiete gelten. Die juristische Methodenlehre bildet einen wichtigen Bereich dieser allgemeinen Rechtslehre, nämlich den praktisch ausgerichteten: Die Methodenlehre sucht nach allgemeingültigen Methoden für die Rechtsanwendung in der Praxis.[1]

4   Es existieren zahlreiche umfassende Lehrbücher zur juristischen Methodik.[2] Die vorliegende kurze Darstellung soll den ersten Einstieg in ein methodisches Verständnis erleichtern. Ihre Konzeption ist insofern neuartig, als die methodischen Probleme Schritt für Schritt jeweils anhand eines Beispielfalls erläutert werden, den der Leser selbst schriftlich lösen soll. Besonderes Ziel ist zu zeigen, dass sich die praktischen Fragen, die sich ergeben, wenn man einen juristischen Text verfasst, aus theoretischen methodischen Überlegungen heraus beantworten lassen.

Die Fallbeispiele sind aus dem Strafrecht gewählt, jedoch gelten die Methoden – mit geringen Abweichungen, auf die ich jeweils hinweise – auch für das Privatrecht und das Öffentliche Recht. Es handelt sich hier also nicht um eine Anleitung zur Abfassung strafrechtlicher Klausuren,[3] sondern um eine systematisch und dabei zugleich praktisch angelegte Methodenlehre.

---

[1] Diese Darstellung mag in ihrer Verkürzung angreifbar sein. Es geht hier aber lediglich darum, eine prinzipielle Vorstellung vom Standort der Methodenlehre innerhalb der Rechtslehre zu vermitteln.

[2] Ich empfehle zum Einstieg *Wank*, des Weiteren *Adomeit* und *Larenz/ Canaris*. Die beiden ersteren Werke sind für Studienanfänger geschrieben, alle verweisen auf umfangreichere und schwierigere methodische Lehrwerke.

[3] Ein solches Konzept setzt *Arzt* – meines Erachtens äußerst gelungen – um, wobei auch die wichtigsten methodischen Fragen zur Sprache kommen.

Kapitel 1: Subsumtion des Sachverhalts unter die Norm

1. Sachverhalt und Rechtsnorm

Ausgangssituation der juristischen Arbeit ist, dass sich zum einen irgendein 5
tatsächliches Vorkommnis abgespielt hat, dass also zum Beispiel der A dem
B mit der Faust ins Gesicht geschlagen hat, und dass es zum anderen eine
Rechtsnorm gibt, mit deren Hilfe das tatsächliche Vorkommnis beurteilt werden kann, also zum Beispiel § 223 Abs. 1 Alt. 1 StGB[4]:

> *Wer eine andere Person körperlich misshandelt [...], wird mit Freiheits-
> strafe bis zu fünf Jahren oder mit Geldstrafe bestraft.*

Das tatsächliche Vorkommnis nennt man Sachverhalt. Die juristische Arbeit
besteht nun darin, den Sachverhalt und die Rechtsnorm zueinander in Beziehung zu setzen. Dieses Inbezugsetzen nennt man Subsumtion. Die Subsumtion könnte man als kleinste Einheit juristischen Arbeitens bezeichnen. Ergebnis der Subsumtion ist die Beantwortung der Frage, ob ein bestimmter
Sachverhalt die Voraussetzungen einer bestimmten Rechtsnorm erfüllt oder
nicht, ob also zum Beispiel der A dadurch, dass er dem B mit der Faust ins
Gesicht geschlagen hat, eine andere Person körperlich misshandelt hat oder
nicht.

2. Die Rechtsnorm als Sollenssatz

Betrachten wir die Struktur der Rechtsnorm näher. Die Rechtsnorm, oder 6
einfach die Norm, auch gleichbedeutend mit Rechtssatz und Vorschrift, ist
das positive, das heißt das gesetzte, das aufgeschriebene Recht,[5] also zum
Beispiel § 223 Abs. 1 Alt. 1 StGB. Rechtssätze enthalten einerseits tat-
bestandliche Voraussetzungen, auch Tatbestand genannt (zum Beispiel: körperliche Misshandlung einer anderen Person), und andererseits Rechtsfolgen
(zum Beispiel: Bestrafung mit Freiheitsstrafe bis zu fünf Jahren oder mit
Geldstrafe).

---

[4] Alt. bedeutet Alternative. Die zweite Alternative des Tatbestandes lautet: „an der
Gesundheit schädigt".
[5] lat.: *ponere, positum* = stellen, setzen, legen.

Rechtssätze werden als Sollenssätze bezeichnet, weil Voraussetzung und Rechtsfolge nicht im Verhältnis des naturwissenschaftlich-kausalen „Müssens", sondern nur des Sollens stehen. Tatsächlich wird nämlich nicht jeder, der im Geltungsbereich des StGB einen anderen körperlich misshandelt, nach § 223 Abs. 1 Alt. 1 StGB bestraft, zum Beispiel dann nicht, wenn seine Identität nicht ermittelt wird, er vor der Urteilsverkündung stirbt oder die Tat ihm nicht nachgewiesen werden kann. Das schmälert aber nicht die Geltung des § 223 Abs. 1 Alt. 1 StGB. Diese Rechtsnorm enthält nämlich lediglich die Aufforderung an die zuständigen staatlichen Stellen, dass sie den Betreffenden bestrafen *sollen*.[6]

Im Gegensatz dazu kann der physikalische Satz, dass Wasser unter Null Grad Celsius bei einem bestimmten Druck festen Aggregatzustand hat, nur deswegen Geltung beanspruchen, weil bei Vorliegen seiner Voraussetzungen (Temperatur, Druck) seine Folge (fester Aggregatzustand) zwingend eintritt.

3. Subsumtion und Syllogismus

7 Rechtssätze legen also allgemein fest, dass aus einem bestimmten Tatbestand (zum Beispiel: körperliche Misshandlung einer anderen Person) eine bestimmte Rechtsfolge (zum Beispiel: Bestrafung mit Freiheitsstrafe bis zu fünf Jahren oder mit Geldstrafe) resultieren soll. Wenn man nun festgestellt hat, dass sich ein bestimmter Sachverhalt (A schlägt dem B mit der Faust ins Gesicht) unter den Tatbestand einer bestimmten Norm (körperliche Misshandlung einer anderen Person) subsumieren lässt, also der Sachverhalt den Tatbestand erfüllt, so kann man folgenden logischen Schluss bilden:

Obersatz: *Wer eine andere Person körperlich misshandelt, wird [...] bestraft.*

Untersatz: *A hat eine andere Person körperlich misshandelt.*

Ergebnis: *Also wird A [...] bestraft.*

Diesen logischen Schluss nennt man Syllogismus.[7]

8 Steht erst einmal der Inhalt des Untersatzes des Syllogismus fest, so ist die Bildung des Ergebnisses nicht mehr schwierig. Die eigentliche und schwie-

---

6 Genaueres zum Sollensprinzip und Nachweise unten Rn. 70 f.
7 Diese Darstellung ist stark vereinfachend. Der von Aristoteles (384-322 v. Chr.) eingeführte Begriff des logischen Syllogismus ist tatsächlich sehr viel komplexer. Näheres zur Lehre vom juristischen Schließen bei *Adomeit* S. 32-41.

rige Subsumtionsarbeit erfolgt bei der Bildung des Untersatzes. An dieser Stelle fällt die eigentliche Entscheidung, zum Beispiel, ob ein Faustschlag des A ins Gesicht des B eine körperliche Misshandlung einer anderen Person ist. Hier wird, der logischen Struktur nach, wieder ein Syllogismus gebildet:

Obersatz: *Wer einer anderen Person mit der Faust ins Gesicht schlägt, misshandelt diese körperlich.*

Untersatz: *A hat einer anderen Person B mit der Faust ins Gesicht geschlagen.*

Ergebnis: *Also hat A eine andere Person körperlich misshandelt.*

Um also festzustellen, ob ein bestimmter Sachverhalt eine bestimmte Rechtsfolge auslöst, muss man, genau genommen, zwei syllogistische Schlüsse ineinander schachteln. Stellt man nun diese beide Syllogismen zusammen dar, so ergibt sich Folgendes:

9

Obersatz: *Wer eine andere Person körperlich misshandelt, wird [...] bestraft.*

Untersatz: Unter-Obersatz: *Wer einer anderen Person mit der Faust ins Gesicht schlägt, misshandelt diese körperlich.*

Unter-Untersatz: *A hat einer anderen Person B mit der Faust ins Gesicht geschlagen.*

Unter-Ergebnis: *Also hat A eine andere Person körperlich misshandelt.*

Ergebnis: *Also wird A [...] bestraft.*

4. Darstellung der Subsumtion: Urteils- oder Gutachtenstil

Juristische Entscheidungen sollen nachvollziehbar sein, genauer gesagt soll der Gedankengang des Urteilenden nachvollziehbar sein. Nur dann wird zum Beispiel die unterlegene Partei im Zivilprozess bereit sein, die Entscheidung nicht nur äußerlich, sondern auch innerlich zu akzeptieren, nur so kann der Richter durch sein Urteil den Rechtsfrieden nicht nur äußerlich, sondern auch innerlich wieder herstellen.

10

Es kommt also darauf an, dass der Richter die Schlüsse, die er zieht, im Urteil logisch und nachvollziehbar wiedergibt. Für eine solche schriftliche Darstellung der Subsumtion werden in der Praxis zwei unterschiedliche Stile verwendet.

(1) Der Urteilsstil

11 Der Urteilsstil wird so genannt, weil gerichtliche Urteile in ihm verfasst werden. Beim Urteilsstil wird am Anfang das Ergebnis genannt, dann der Obersatz, dann der Untersatz. Das ergibt, wenn man unter den Tatbestand des § 223 Abs. 1 Alt. 1 StGB den Sachverhalt subsumiert, dass A dem B mit der Faust ins Gesicht geschlagen hat (also den sozusagen inneren Syllogismus bildet):

Falllösung:

(Ergebnis:)   *A hat eine andere Person körperlich misshandelt.*

(Obersatz:)   *Wer einer anderen Person mit der Faust ins Gesicht schlägt, misshandelt diese körperlich.*

(Untersatz:)   *A hat einer anderen Person B mit der Faust ins Gesicht geschlagen.*

(2) Der Gutachtenstil

12 Gegenstück zum Urteilsstil ist der Gutachtenstil. Der Gutachtenstil wird so bezeichnet, weil er beim Verfassen juristischer Gutachten verwendet wird. Während des Studiums und im Ersten Examen wird von Ihnen die Erstellung juristischer Gutachten verlangt. Sie müssen also grundsätzlich im Gutachtenstil formulieren.

Beim Gutachtenstil wird das mögliche Ergebnis im Konjunktiv vorangestellt („könnte", „müsste"...). Es folgen der Obersatz und der Untersatz und schließlich nochmals das Ergebnis, diesmal im Indikativ (also als normaler Aussagesatz). Für den Beispielfall ergibt das:

Falllösung:

(Mögliches Ergebnis:)   *A könnte eine andere Person körperlich misshandelt haben.*

(Obersatz:)   *Wer einer anderen Person mit der Faust ins Gesicht schlägt, misshandelt diese körperlich.*

(Untersatz:)	*A hat einer anderen Person B mit der Faust ins Gesicht geschlagen.*
(Ergebnis:)	*Also hat A eine andere Person körperlich misshandelt.*

Die Darstellung des Syllogismus im Gutachtenstil mag Ihnen jetzt überflüssig **13** kompliziert oder allzu formalistisch erscheinen. Letztlich werden Sie in einem solch simplen Fall wie dem vorliegenden auch den Gutachtenstil gar nicht vollständig anwenden, sondern (1) etwa eine reduzierte Form des Gutachtenstils oder (2) den Urteilsstil wählen oder (3) diesen vielleicht sogar auf einen Ergebnissatz reduzieren. Und zwar sollten die Ausführungen umso knapper sein, je offensichtlicher, je evidenter das Ergebnis der Subsumtion ist.

Falllösung (1):

A könnte eine andere Person körperlich misshandelt haben. Ein Faustschlag ins Gesicht, wie ihn der A gegen den B führte, ist eine solche körperliche Misshandlung. A misshandelte also eine andere Person körperlich.

Falllösung (2):

A hat eine andere Person körperlich misshandelt, denn ein Faustschlag ins Gesicht, wie ihn der A gegen den B führte, ist eine körperliche Misshandlung.

Falllösung (3):

A misshandelte eine andere Person körperlich, indem er dem B mit der Faust ins Gesicht schlug.

Machen Sie sich den Unterschied zwischen Urteils- und Gutachtenstil noch- **14** mals bewusst, indem Sie, bevor Sie die untenstehende Lösung lesen, selbst schriftlich folgenden Fall im Urteils- und Gutachtenstil lösen:

Beispielfall:

A beschimpft den B als „Penner". Hat er eine Beleidigung begangen?
(Es handelt sich um den Tatbestand des § 185 HS.[8] 1 StGB.)

Falllösung:

(1) Urteilsstil:

(Ergebnis:) A hat eine Beleidigung begangen.

(Obersatz:) Wer einen anderen als „Penner" beschimpft, begeht eine
Beleidigung.

(Untersatz:) A hat einen anderen, den B, als „Penner" beschimpft.

(2) Gutachtenstil:

(Mögliches Ergebnis:)   A könnte eine Beleidigung begangen haben.

(Obersatz:)   Wer einen anderen als „Penner" beschimpft,
begeht eine Beleidigung.

(Untersatz:)   A hat einen anderen, den B, als „Penner" be-
schimpft.

(Ergebnis:)   A hat also eine Beleidigung begangen.

15   Begreifen Sie, warum Urteile im Urteilsstil abgefasst werden? Stellen Sie
sich vor, der Richter würde bei der Urteilsverkündung erklären: *„Im Namen*
des Volkes! Der Angeklagte könnte sich einer Beleidigung schuldig gemacht
haben. Demnach wäre er zu einer Freiheitsstrafe bis zu einem Jahr oder zu
einer Geldstrafe zu verurteilen... " anstatt: *„Im Namen des Volkes! Der Ange-*
klagte ist schuldig einer Beleidigung. Er wird deswegen zu einer Freiheits-
strafe von sechs Monaten verurteilt... "

Der Richter muss sofort erklären, wie er entschieden hat, er darf nicht zöger-
lich oder unsicher wirken. Hier ist der Urteilsstil angemessen. Der Gutachter
hingegen untersucht mit zunächst offenem Ergebnis Schritt für Schritt den
Fall. Hier ist der Gutachtenstil angemessen.

---

[8] HS. bedeutet Halbsatz. Der zweite Halbsatz „wenn die Beleidigung mittels einer
Tätlichkeit begangen wird" bezeichnet eine besonders gravierende, eine sogenannte
qualifizierte Form der Beleidigung.

5. Gutachtenstil bei ineinandergeschachtelten Syllogismen

Soeben wurden der Urteils- und der Gutachtenstil eingeübt durch Anwendung auf einen einfachen Syllogismus. Wenden Sie nun den Gutachtenstil auf folgenden ineinandergeschachtelten Syllogismus an: **16**

Obersatz: *Wer eine andere Person körperlich misshandelt, wird [...] bestraft.*

Untersatz: Unter-Obersatz: *Wer einer anderen Person mit der Faust ins Gesicht schlägt, misshandelt diese körperlich.*

Unter-Untersatz: *A hat einer anderen Person B mit der Faust ins Gesicht geschlagen.*

Unter-Ergebnis: *Also hat A eine andere Person körperlich misshandelt.*

Ergebnis: *Also wird A [...] bestraft.*

Benennen Sie dabei im „möglichen Ergebnis" bereits die Handlung, die Sie subsumieren wollen *(„Indem A dem B...")*. Dies ist notwendig, damit von vornherein deutlich wird, was überhaupt geprüft wird. **17**

Falllösung:

(Mögliches Ergebnis:) Indem A dem B mit der Faust ins Gesicht schlug, könnte er sich nach § 223 Abs. 1 Alt. 1 StGB strafbar gemacht haben.

(Obersatz:) Nach § 223 Abs. 1 Alt. 1 StGB wird bestraft, wer eine andere Person körperlich misshandelt.

(Untersatz:)

(Mögliches Unter-Ergebnis:) A müsste also eine andere Person körperlich misshandelt haben.

(Unter-Obersatz:) Eine körperliche Misshandlung einer anderen Person liegt vor, wenn jemand einer anderen Person mit der Faust ins Gesicht schlägt.

(Unter-Untersatz:) A hat einer anderen Person B mit der Faust ins Gesicht geschlagen.

(Unter-Ergebnis:) Also hat A eine andere Person körperlich misshandelt.

(Ergebnis:) A hat sich nach § 223 Abs. 1 Alt. 1 StGB strafbar gemacht.

18 – Hinweis: Nach der strafrechtlichen Lehre sind neben dem in § 223 Abs. 1 Alt. 1 StGB explizit genannten (objektiven) Tatbestand weitere Voraussetzungen zu prüfen, bevor die Strafbarkeit nach dieser Norm festgestellt werden kann, der Täter muss nämlich zusätzlich vorsätzlich, rechtswidrig und schuldhaft gehandelt haben. Diese Problematik wird unten Rn. 28 eingeführt; zuvor, also in den folgenden Beispielen, wird sie ausgespart, damit sie nicht die methodischen Fragen verdeckt. –

19 Das obige Gutachten ist zwar korrekt, aber stilistisch nicht sehr elegant. Ein stilistisch brauchbares Gutachten könnte etwa so aussehen:

Falllösung:

A könnte sich, indem er dem B mit der Faust ins Gesicht schlug, nach § 223 Abs. 1 Alt. 1 StGB strafbar gemacht haben (mögliches Ergebnis). Er müsste hierzu eine andere Person körperlich misshandelt haben (verkürzter Obersatz und verkürztes mögliches Unter-Ergebnis). Der Faustschlag, den der A gegen den B führte, ist eine körperliche Misshandlung einer anderen Person (Untersatz, reduziert auf das Unter-Ergebnis). A hat sich also nach § 223 Abs. 1 Alt. 1 StGB strafbar gemacht (Ergebnis).

20 Es sollen also nicht alle gedanklichen Zwischenschritte ausformuliert werden, sondern diejenigen weggelassen werden, die zum Verständnis des Ganzen nicht notwendig sind. Unabdingbar ist es aber, an den Anfang der Prüfung das mögliche Ergebnis (die Fallfrage) zu stellen und ans Ende der Prüfung das Ergebnis. Sonst wird das Ganze unverständlich. Fertigen Sie schriftlich ein stilistisch annehmbares Gutachten an zu der Frage, ob sich der A, indem er den B als „Penner" beschimpft hat, nach § 185 HS. 1 StGB strafbar gemacht hat.

Falllösung:

A könnte sich, indem er den B als „Penner" beschimpft hat, nach § 185 HS. 1 StGB strafbar gemacht haben (mögliches Ergebnis). Er müsste hierzu eine Beleidigung begangen haben (verkürzter Obersatz und verkürztes mögliches Unter-Ergebnis). Seine Beschimpfung des B als „Penner" ist eine Beleidigung (Untersatz, reduziert auf das Unter-Ergebnis). A hat sich also nach § 185 HS. 1 StGB strafbar gemacht (Ergebnis).

6. Normen mit mehreren Tatbestandsmerkmalen

Fast alle Normen enthalten nicht nur ein Tatbestandsmerkmal, sondern mehrere. § 167a StGB zum Beispiel enthält nach seinem Wortlaut die Tatbestandsmerkmale „Bestattungsfeier"; „absichtlich"; (oder) „wissentlich"; „stören". Bestimmen Sie die Tatbestandsmerkmale des § 212 Abs. 1 StGB.   **21**

Lösung:

„Mensch"; „töten"; „ohne Mörder zu sein".

Wenn Sie die Subsumtion eines Sachverhalts unter eine Norm durchführen,   **22**
so subsumieren sie genau genommen separat die einzelnen Aspekte des Sachverhalts unter das jeweilige Tatbestandsmerkmal. Es wird also für jedes einzelne Tatbestandsmerkmale ein Unter-Syllogismus gebildet. Fertigen Sie eine Falllösung an, die solche Unter-Syllogismen enthält, und zwar zu folgendem

Beispielfall:

A ersticht den B. Er verwirklicht dabei kein Mordmerkmal. Hat er sich nach § 212 Abs. 1 StGB strafbar gemacht?

Hinweis:

Wer tötet, ohne ein Mordmerkmal zu verwirklichen, ist kein Mörder.[9]

Falllösung:

A könnte sich, indem er B erstach, nach § 212 Abs. 1 StGB strafbar gemacht haben.

Hierzu müsste er einen Menschen getötet haben, ohne Mörder zu sein.

*(1) Sein Opfer müsste ein **Mensch** gewesen sein. B ist ein Mensch. Das Opfer des A war also ein Mensch.*

---

[9] Wer dagegen ein Mordmerkmal verwirklich, ist als Mörder strafbar nach § 211 StGB. Die Mordmerkmale sind in § 211 Abs. 2 StGB aufgeführt. Dass das Verhältnis von § 211 und § 212 StGB im Übrigen problematisch und umstritten ist, soll hier zunächst nicht weiter vertieft werden, Näheres hierzu aber unten Rn. 159 ff. sowie bei *Tröndle/ Fischer* § 211 Rn. 4.

*(2) A müsste sein Opfer **getötet** haben. Wer einen anderen
ersticht, tötet ihn. A hat den B erstochen, ihn also getötet.*

*(3) A dürfte **nicht Mörder** gewesen sein. Kein Mörder ist,
wer kein Mordmerkmal verwirklicht hat. A hat kein Mordmerkmal verwirklicht. Also ist A kein Mörder gewesen.*

A hat also einen Menschen getötet, ohne Mörder zu sein.

A hat sich also nach § 212 Abs. 1 StGB strafbar gemacht.

23 Sie sehen: In die Prüfung, ob A einen Menschen getötet hat, ohne Mörder zu
sein, sind die Prüfungen geschachtelt, 1. ob das Opfer ein Mensch war, 2. ob
A das Opfer tötete und 3. ob A kein Mörder war.

Übrigens: Wenn Sie sich § 223 Abs. 1 Alt. 1 StGB genau ansehen, werden
Sie feststellen, dass hier neben dem Tatbestandsmerkmal „körperliche Misshandlung" eigentlich noch das Merkmal „eine andere Person" steht. Auch
hier müsste also streng genommen in zwei Untersyllogismen festgestellt werden, 1. dass B eine andere Person und 2. dass ein Faustschlag eine körperliche
Misshandlung ist. Dies wurde oben Rn. 7-13, 16-19 aus didaktischen Gründen unterschlagen.

24 Zurück zur obigen Falllösung: Sie ist wieder im Prinzip korrekt, aber stilistisch nicht gelungen. Die Erörterung, dass B ein Mensch ist, ist nämlich überflüssig, weil dieses Faktum evident ist. Die Subsumtion hat viel weniger Me-
chanisches an sich, als es zunächst den Anschein hat! Tatsächlich führen Sie
stets Wertungen durch, indem Sie entscheiden, welcher der einzelnen Teil-
Subsumtionen Sie wie viel Raum und damit wie viel inhaltliches Gewicht
einräumen. Zu den problematischen Tatbestandsmerkmalen ist viel zu schreiben, zu den unproblematischen wenig oder nichts.[10]

Eine stilistisch gelungenere Lösung dieses Falles wäre etwa die folgende, in
der so getan wird, als bestehe der Tatbestand des § 212 Abs. 1 StGB aus zwei
Tatbestandsmerkmalen, nämlich aus „einen Menschen töten" und „ohne
Mörder zu sein":

Falllösung:

*A könnte sich, indem er den B erstach, nach § 212 Abs. 1 StGB strafbar
gemacht haben.*

---

[10] *Arzt* S. 23 f. bezeichnet die zu breite Erörterung von Evidentem als einen der vier zu
beobachtenden „Grundfehler bei der Subsumtion"!

Er müsste einen Menschen getötet haben, ohne Mörder zu sein. A hat einen Menschen getötet, nämlich den B erstochen. Dabei hat er auch kein Mordmerkmal verwirklicht, war also auch nicht Mörder.

A hat also den Tatbestand des § 212 Abs. 1 StGB erfüllt und sich dementsprechend strafbar bemacht.

Sie sehen: Die beiden hier gebildeten Unter-Syllogismen stehen im Urteilsstil, da das Ergebnis der jeweiligen Subsumtion evident ist.

Wie aber kann man erkennen, was im juristischen Sinne evident ist? Letztlich **25** ist dies eine Frage des Trainings, indem man nämlich einübt, „gesunden Menschenverstand und Rechtsgefühl" sinnvoll einzubringen und bei der juristischen Argumentation nicht die „Lebenswirklichkeit" aus den Augen zu verlieren.[11]

Eine logisch zwingende Reihenfolge besteht bei der Prüfung mehrerer Tatbe- **26** standsmerkmale grundsätzlich nicht. Ich empfehle aber, die unproblematischen Tatbestandsmerkmale zuerst zu prüfen und diejenigen, welche näherer Ausführung bedürfen, am Ende. Hierdurch entsteht nämlich für den Leser ein Spannungsbogen im Text: „Wann kommt der Verfasser endlich zum springenden Punkt?" Für ein gelungenes Gutachten reicht es nicht aus, dass es inhaltlich richtig ist, sondern es soll auch stilistisch ansprechend sein! Lösen Sie vor diesem Hintergrund schriftlich folgenden Beispielfall. Fertigen Sie zunächst eine Lösung an, die alle logischen Zwischenschritte enthält, dann eine, die Ihren ästhetischen Vorstellungen entspricht.

Beispielfall: **27**

B hat bereits einen sogenannten Teilhirntod erlitten, das heißt sein Großhirn ist ausgefallen und er liegt im „Wachkoma". A gibt dem B aus Mitleid eine tödliche Spritze, so dass sämtliche Körperfunktionen zum Erliegen kommen. Hat sich A nach § 212 Abs. 1 StGB strafbar gemacht? Ein Mordmerkmal verwirklicht er nicht.

---

[11] So die (letztlich wenig befriedigende) Terminologie bei *Arzt* S. 32-35, der das Problem an folgendem Beispiel verdeutlicht: Studentische Bearbeiter erörterten ausführlich, ob die Bezeichnung einer Frau als „Hure" beleidigend sei (§ 185 StGB), etwa indem argumentiert werde, heutzutage sei der Beruf der Prostituierten einer wie jeder andere. Dies geht an der Lebenswirklichkeit vorbei: Die Bezeichnung als „Hure" ist evident beleidigend, eine Begründung dessen ist überflüssig und damit falsch.

Hinweis:

Gehen Sie mit der herrschenden Meinung davon aus, dass ein Mensch erst tot ist bei Ausfall aller Hirnfunktionen, also im vorliegenden Fall noch nicht.[12]

Falllösung (die alle logischen Zwischenschritte enthält):

A könnte sich, indem er B eine tödliche Spritze gab, nach § 212 Abs. 1 StGB strafbar gemacht haben.

> *Er müsste hierzu einen Menschen getötet haben, ohne Mörder zu sein.*
>
> > *(1) Das Opfer müsste ein **Mensch** gewesen. Mensch ist, wessen Gehirn zumindest noch teilweise funktioniert. B's Gehirn funktionierte teilweise noch. Das Opfer war also ein Mensch.*
> >
> > *(2) A müsste B **getötet** haben. A hat B eine tödliche Spritze gegeben, also getötet.*
> >
> > *(3) A dürfte **nicht Mörder** sein. Kein Mörder ist, wer kein Mordmerkmal verwirklicht hat. A hat kein Mordmerkmal verwirklicht. Also ist A kein Mörder.*
>
> *A hat also einen Menschen getötet, ohne Mörder zu sein.*

A hat sich also nach § 212 Abs. 1 StGB strafbar gemacht.

Falllösung (stilistisch gelungen):

A könnte sich, indem er B eine tödliche Spritze gab, nach § 212 Abs. 1 StGB strafbar gemacht haben.

Er müsste einen Menschen getötet haben, ohne Mörder zu sein. A hat B getötet. Er hat dabei auch kein Mordmerkmal verwirklicht, war also nicht Mörder.

Fraglich ist aber, ob das Opfer B noch ein Mensch im Sinne von § 212 Abs. 1 StGB war. Mensch ist, wessen Gehirn zumindest teilweise noch

---

[12] Das Fallbeispiel zeigt, dass selbst solch scheinbar eindeutige Begriffe wie „Mensch" Unschärfen enthalten: Beginn und Ende des menschlichen Lebens (und die sogenannte Sterbehilfe) sind Gegenstand schwieriger strafrechtlicher Diskussionen, vergleiche *Tröndle/ Fischer* Vor §§ 211-216 Rn. 2-9, 16-30.

funktioniert. B's Gehirn funktionierte teilweise noch, er war also Mensch im Sinne von § 212 Abs. 1 StGB.

A hat also den Tatbestand dieser Norm erfüllt und sich entsprechend strafbar gemacht.

Sie sehen: Die Prüfung des Tatbestandsmerkmals „Mensch" hat sehr viel mehr Raum eingenommen als die Prüfung der anderen Tatbestandsmerkmale. Der Sachverhalt zielte erkennbar auf dieses Problem ab. Dass A dagegen tötete und kein Mörder war, war evident, so dass es hierzu nur einer kurzen Erwähnung im Urteilsstil bedurfte. Längere Erläuterungen wären hier über-flüssig und damit falsch gewesen und hätten in einer Klausur zu Punktabzug geführt. Für eine gelungene Falllösung müssen Sie Schwerpunkte setzen!

– Hinweis: Nach der strafrechtlichen Lehre setzt die Strafbarkeit nach einer **28** bestimmten Norm, zum Beispiel nach § 212 Abs. 1 StGB, neben der Erfül-lung des in dieser Norm genannten objektiven Tatbestandes (Tötung eines Menschen ohne Mörder zu sein) voraus, dass der Täter auch vorsätzlich, rechtswidrig und schuldhaft gehandelt hat. Die bisherigen Falllösungen waren also insofern nicht ganz korrekt. Zur Berücksichtigung dieser zusätzlichen Voraussetzungen der Strafbarkeit formulieren Sie bei der Prüfung stets, falls keine Sonderkonstellationen auftreten, wie in folgendem

Beispielfall:

A erschlägt vorsätzlich den B, ohne ein Mordmerkmal zu verwirklichen. Hat sich A nach § 212 Abs. 1 StGB strafbar gemacht?

Falllösung:

A könnte sich, indem er B erschlug, nach § 212 Abs. 1 StGB strafbar ge-macht haben.

*Er müsste hierzu objektiv einen Menschen getötet haben, ohne Mörder zu sein. A erschlug den B, tötete also einen Menschen. Er verwirklichte dabei auch kein Mordmerkmal, war also kein Mörder. **A erfüllte also den objektiven Tatbestand der Norm.***

A handelte auch vorsätzlich, rechtswidrig und schuldhaft und hat sich entsprechend strafbar gemacht.

Nehmen Sie dies hier vorläufig einfach so hin (falls Ihnen dieser Deliktsaufbau nicht ohnehin geläufig ist). Unten Rn. 74-87 folgen nähere Erläuterungen. –

7. Erörterung aller potentiell fallrelevanten Probleme

29   Zurück zu den Merkmalen des objektiven Tatbestandes: Sind die weiteren Tatbestandsmerkmale abzuprüfen, auch wenn die Erfüllung des Tatbestandes bereits an der Nichterfüllung *eines* Tatbestandsmerkmals gescheitert ist?

Hierzu ein Beispiel. Lesen Sie § 316 Abs. 1 StGB. Nehmen wir an, dass der Beschuldigte B zur Tatzeit so schwer betrunken war, dass er infolge des Genusses alkoholischer Getränke nicht mehr in der Lage war, ein Fahrzeug sicher zu führen, dass insoweit also der Tatbestand erfüllt ist.

Es verbleiben die Tatbestandsmerkmale (öffentlicher) „Verkehr" und „Fahrzeug führen", die B erfüllt haben müsste, um den Tatbestand des § 316 Abs. 1 StGB als Ganzen zu erfüllen. Hier lassen sich nun folgende Konstellationen denken.

1. Keines dieser beiden Tatbestandsmerkmale ist erfüllt.

Zum Beispiel: *B ist in seiner privaten Garageneinfahrt herumgelaufen.*

2. Ein Tatbestandsmerkmal ist erfüllt, das andere nicht.

Zum Beispiel: *B ist in seiner privaten Garageneinfahrt Fahrrad gefahren.*

oder: *B ist auf einer öffentlichen Straße herumgelaufen.*

3. Beide Tatbestandsmerkmale sind erfüllt.

Zum Beispiel: *B ist auf einer öffentlichen Straße Fahrrad gefahren.*

Ein Richter in seinem Urteil würde im ersten und im zweiten Fall nur feststellen, dass ein Tatbestandsmerkmal nicht vorliegt (im ersten Falle wäre gleichgültig, welches er wählt). Zu dem anderen Tatbestandsmerkmal würde er sich nicht äußern, da es für das Ergebnis unerheblich ist, ob es vorliegt oder nicht. Im dritten Fall würde der Richter für beide Tatbestandsmerkmale feststellen, dass sie vorliegen, denn zur Begründung seines positiven Ergebnisses (Tatbestand als Ganzer erfüllt) wäre dies notwendig.

Sie, in Ihrem Gutachten, gehen in den Konstellationen 1 und 2 anders vor. **30**
Das Gutachten dient nämlich nicht nur dazu, ein bestimmtes Ergebnis zu
begründen, sondern auch dazu, alle potentiellen Probleme des Falles zu erörtern. Stellen Sie sich in der Praxis etwa vor, Sie verfertigen als Strafverteidiger für Ihren Mandanten, den nach § 316 StGB Beschuldigten B, ein Gutachten. B erklärt Ihnen, er sei nur betrunken in seiner privaten Garageneinfahrt herumgelaufen. In der Hauptverhandlung stellt sich dann durch die Zeu-
genaussage eines Nachbarn heraus, dass B auf einem Fahrrad saß. Hätten Sie
in dem Gutachten nur geklärt, dass der Tatbestand des § 316 StGB nicht erfüllt ist, weil B kein Fahrzeug führte, dann müssten Sie sich jetzt mit der
Frage beschäftigen, ob die Garageneinfahrt zum „Verkehr" gehört. Sinnvoller
ist es, gleich alle Fragen im Gutachten zu klären. – Und in Klausuren sollen
Sie ja zeigen, dass Sie alle Probleme des Falles erkannt haben.

Für den Fall, dass das eine Tatbestandsmerkmal erfüllt ist und das andere
nicht (2. Konstellation), empfiehlt es sich im Gutachten, das erfüllte zuerst zu
prüfen und dann das andere. Wenn Sie hier umgekehrt vorgehen würden,
hinge die Prüfung des zweiten Tatbestandsmerkmals sozusagen in der Luft,
da ja der Fall bereits entschieden wäre, sobald Sie das Vorliegen eines Tatbestandsmerkmals verneint hätten.

In der 1. Konstellation (beide Tatbestandsmerkmale sind nicht erfüllt) sind
grundsätzlich ebenfalls beide zu prüfen. Allerdings müssen Sie hier deutlich
machen, dass der Fall bereits nach der Prüfung eines Tatbestandsmerkmals
entschieden ist. Sie müssen das Vorliegen des anderen Tatbestandsmerkmals
deshalb hilfsweise, in einem sogenannten Hilfsgutachten prüfen. Leiten Sie
daher die Prüfung des anderen Tatbestandsmerkmals mit dem Wort „Überdies..." ein. Lösen Sie vor diesem Hintergrund folgenden

Beispielfall: **31**

A schießt auf den Hund H, verfehlt ihn jedoch. Hat A sich nach § 212
Abs. 1 StGB strafbar gemacht?

Falllösung:

A könnte sich, indem er auf den Hund H schoss, nach § 212 Abs. 1 StGB
strafbar gemacht haben.

Er müsste objektiv einen Menschen getötet haben, ohne Mörder zu sein.
Das Tatopfer müsste ein Mensch gewesen sein. Das Opfer war aber ein

*Hund, also kein Mensch. **Überdies** verfehlte A den Hund, tötete ihn also auch nicht.*

A hat also den objektiven Tatbestand des § 212 Abs. 1 StGB nicht er-füllt,[13] hat sich also im Ergebnis nicht nach § 212 Abs. 1 StGB strafbar gemacht.

Sie hätten hier auch zuerst feststellen können, dass A niemanden tötete, und hilfsweise, dass das Tatopfer „überdies" kein Mensch war. Zu dem dritten Tatbestandsmerkmal „ohne Mörder zu sein" musste hier nicht mehr Stellung genommen werden. Eine diesbezügliche *„überdies"*-Prüfung war zwar lo-gisch möglich, bot sich aber nicht an, weil der Sachverhalt keine Angaben darüber enthielt, ob A ein Mordmerkmal erfüllte.

32 Die Durchführung von *„überdies"*-Prüfungen ist nicht logisch zwingend notwendig und nicht in jedem Fall ratsam. Vermeiden Sie es vor allem, im Gutachten Probleme zu erörtern, die mit dem Fall eigentlich nichts mehr zu tun haben. Machen Sie sich immer wieder bewusst, was die Funktion des Gutachtens im Studium und in der Praxis ist: zu den vom Sachverhalt vorge-gebenen, und nicht zu irgendwelchen Problemen Stellung zu nehmen. Im Übrigen wäre für den obigen Fall, weil dieser so simpel ist, letztlich folgende Falllösung angemessen:

Falllösung:

Eine Strafbarkeit des A nach § 212 Abs. 1 StGB kommt schon deshalb nicht in Betracht, weil der Hund H, auf den A zielte, kein geeignetes Tat-objekt war.

8. Merkmale mit zwingend festgelegter Prüfungsreihenfolge

33 Die Reihenfolge der Prüfung der Tatbestandsmerkmale war in den bisherigen Beispielfällen nicht logisch festgelegt. Es existieren aber auch Tatbestände, deren Merkmale besondere hierarchische Strukturen aufweisen, welche zum Teil eine bestimmte Prüfungsreihenfolge logisch erzwingen. Bestimmen Sie im Einzelnen und unter Beachtung der logischen Bezüge die Tatbestands-merkmale des gesamten § 223 Abs. 1 StGB!

---

[13] Die Prüfung von Vorsatz, Rechtswidrigkeit und Schuld entfällt damit (letztlich aus denselben systematischen Gründen). Näheres hierzu unten Rn. 78-87.

Lösung:

*§ 223 Abs. 1 StGB enthält in seiner ersten Alternative (körperliche Miss-
handlung) die Tatbestandsmerkmale: „Person"; nämlich eine „andere";
„Misshandlung"; nämlich eine „körperliche". Die zweite Alternative
(Schädigung der Gesundheit) enthält die Tatbestandsmerkmale „Person"; „andere"; „Gesundheit"; „Schädigung derselben".*

Der Tatbestand des § 223 Abs. 1 StGB ist also schon verhältnismäßig kompliziert, da die Tatbestandsmerkmale bezogen auf jede Alternative **kumula-
tiv**, das heißt zusammen erfüllt sein müssen, der Tatbestand aber gleichzeitig
auf zwei verschiedene und unabhängige Arten erfüllt werden kann, also **al-
ternativ**, eben durch die beiden möglichen Alternativen der körperlichen
Misshandlung und der Schädigung der Gesundheit. Die Alternativen müssen
sauber getrennt nacheinander geprüft werden. Lösen Sie hierzu schriftlich
folgenden

Beispielfall: 34

*A schlägt dem B vorsätzlich mit der Faust ins Gesicht. B hat zwei Wo-
chen lang einen Bluterguss am linken Auge. Hat sich A nach § 223
Abs. 1 StGB strafbar gemacht?*

Falllösung:

*A könnte sich nach § 223 Abs. 1 StGB strafbar gemacht haben, indem er
dem B ins Gesicht schlug.*

*Nach § 223 Abs. 1 Alt. 1 StGB müsste er objektiv eine andere Person
körperlich misshandelt haben. Der Schlag mit der Faust gegen das Auge
des B war eine solche körperliche Misshandlung eines anderen, so dass
die erste Tatbestandsalternative erfüllt ist.*

*A könnte auch nach § 223 Abs. 1 Alt. 2 StGB den B an der Gesundheit
geschädigt haben. Die Beibringung eines zwei Wochen bleibenden Blutergusses am Auge ist eine solche Gesundheitsschädigung. Auch in der
zweiten Alternative erfüllte A also den objektiven Tatbestand des § 223
Abs. 1 StGB.*

*A handelte ferner vorsätzlich, rechtswidrig und schuldhaft und hat sich
entsprechend strafbar gemacht.*

9. Vorrang des spezielleren Tatbestandsmerkmals

35 Soeben wurde erörtert, dass Tatbestandsmerkmale in dem besonderen Verhältnis der Alternativität zueinander stehen können. Es existiert noch ein weiterer wichtiger Typ von Verhältnis zwischen Tatbestandsmerkmalen, den ich kurz erläutern möchte, nämlich den Fall, dass ein Tatbestandsmerkmal den Sonderfall (= Spezialfall) eines anderen bildet. Lesen Sie § 211 StGB. Besteht innerhalb der Mordmerkmale der ersten Gruppe (§ 211 Abs. 2 Gr. 1 StGB)[14] dieses besondere Verhältnis der Spezialität?

Antwort:

Ja.: „Mordlust"; „Befriedigung des Geschlechtstriebs"; „Habgier" sind Sonderfälle („sonst") von „niedrigen Beweggründen".

36 Wozu dient die Bestimmung solcher Sonderfälle im Gesetz? Wenn man sie weglassen würde, hätte die Norm doch logischerweise noch dieselben Tatbestandsvoraussetzungen. Antwort: Sie dienen dazu, dem Rechtsanwender zu zeigen, was sich der Gesetzgeber unter „niedrigen Beweggründen" vorstellt, sie dienen also der Erläuterung des Oberbegriffs.

Welche Konsequenz hat es aber nun für Ihre Prüfungsreihenfolge, wenn ein Tatbestandsmerkmal den Sonderfall eines anderen bildet? Antwort: Das speziellere ist zuerst zu prüfen. Denn wenn Sie zum Beispiel festgestellt haben, dass A den B aus Habgier getötet hat, dann müssen Sie nichts mehr zu dem – unklareren – Tatbestandsmerkmal der „niedrigen Beweggründe" sagen. Lösen Sie vor diesem Hintergrund folgenden

37 *Beispielfall:*

A lässt sich von B eine Perlenkette schenken, die der B dem C gestohlen hat. A will die Kette für sich behalten. Hat A sich nach § 259 Abs. 1 StGB strafbar gemacht?

Hinweise:

1. Analysieren Sie zunächst in Ruhe die Vorschrift, die eine komplizierte Struktur aufweist.

2. Wer etwas für sich behalten will, will sich bereichern.

---

[14] § 211 Abs. 2 StGB enthält drei Gruppen von Merkmalen: 1. „aus Mordlust...", 2. „heimtückisch...", 3. „um eine andere Straftat zu ermöglichen...".

3. Diese Bereicherungsabsicht ist ein neben den Vorsatz tretendes und nach diesem zu prüfendes subjektives Tatbestandsmerkmal. Halten Sie sich mit dieser Frage aber – jetzt – nicht lange auf, konzentrieren Sie sich lieber auf das interessierende methodische Problem, nämlich die Vorrangigkeit der spezielleren Merkmale!

Falllösung:

A könnte sich nach § 259 Abs. 1 StGB strafbar gemacht haben, indem er sich die Perlenkette von B schenken ließ.

Er müsste objektiv eine Sache, die ein anderer gestohlen hat, angekauft oder sich sonst verschafft haben, um sich zu bereichern. Bei der Perlenkette des C handelte es sich um eine solche gestohlene Sache. A kaufte diese nicht. Er könnte sie sich allerdings sonst wie verschafft haben. Das Sichverschaffen kann gerade auch dadurch erfolgen, dass sich der Betreffende die Sache schenken lässt. Letzteres tat der A. Er erfüllte also den objektiven Tatbestand.

A handelte auch vorsätzlich. Er wollte die Kette auch für sich behalten, handelte also, um sich zu bereichern.

Er handelte auch rechtswidrig und schuldhaft und hat sich nach § 259 Abs. 1 StGB strafbar gemacht.

Erläuterungen: „gestohlen" ist ein Spezialfall von „sonst durch eine gegen fremdes Vermögen gerichtete Tat erlangt hat". Da B bereits den Spezialfall erfüllt, muss der allgemeinere Fall (auch als Auffangtatbestand bezeichnet) gar nicht mehr geprüft werden.   38

„ankaufen" ist ein Spezialfall von „sich verschaffen". Da A den Spezialfall hier nicht erfüllt, ist dies kurz anzuprüfen und zu verneinen, dann ist zu erörtern, ob A den Auffangtatbestand erfüllt hat.

10. Definitionen von Tatbestandsmerkmalen

Lesen Sie § 242 Abs. 1 StGB! Man kann sagen, dass § 242 Abs. 1 StGB definiert, was ein Diebstahl ist: Ein Diebstahl wird begangen, wenn jemand eine fremde bewegliche Sache einem anderen in der Absicht wegnimmt, diese sich oder einem Dritten rechtswidrig zuzueignen. § 242 Abs. 1 StGB differenziert, anders gesagt, den Begriff des Diebstahls in mehrere Unterbegriffe aus, nämlich in die Tatbestandsmerkmale („Sache"; „fremd"; „beweglich"...). Dies   39 führt dazu, dass näher bestimmt werden kann, warum ein bestimmter Sachverhalt als Diebstahl zu qualifizieren ist oder nicht, weil nämlich bestimmt werden kann, welche Tatbestandsmerkmale erfüllt sind und welche nicht.

Diese Technik der Aufgliederung der Begriffe, wie sie im Gesetz erfolgt, wird nun durch Rechtsprechung und Rechtswissenschaft weitergeführt: Die einzelnen Tatbestandsmerkmale werden wiederum mittels weiterer Unterbegriffe näher definiert. „Fremd" zum Beispiel bedeutet, dass die Sache „nach bürgerlichem Recht im Eigentum einer anderen Person steht". Der Eigentumsbegriff wiederum ist in Vorschriften des BGB näher bestimmt, deren Tatbestandsmerkmale wiederum von der Rechtsprechung näher bestimmt sind. Auch bei der näheren Bestimmung, wann ein Mensch tot ist (bei partiellem/ vollständigem Hirntod?; vergleiche oben Rn. 27), also nicht mehr geeignetes Tatobjekt nach § 212 Abs. 1 StGB ist, handelt es sich letztlich um eine solche (Teil-)Definition.

40 So wie man also bestimmen muss, welche Tatbestandsmerkmale einer Norm durch einen bestimmten Sachverhalt erfüllt werden und welche nicht, muss man gegebenenfalls bestimmen, welche Definitionsmerkmale eines bestimmten Tatbestandsmerkmals erfüllt werden und welche nicht. Hierbei ist übrigens hinsichtlich der Prüfungsreihenfolge vorzugehen nach den für die Prüfung der Tatbestandsmerkmale soeben erläuterten Regeln – auch hier existieren also Kumulativität, Alternativität und Spezialität. Und auch hier besteht die Notwendigkeit der Schwerpunktsetzung: Ein Gutachten, das im Falle eines völlig gesunden Mordopfers die Hirntodproblematik erörtert, ist unbrauchbar! –

Oben Rn. 20 hatte ich für die Frage, ob sich A nach § 185 HS. 1 StGB strafbar macht, wenn er den B vorsätzlich als „Penner" beschimpft, folgende (nur vorläufige!) Ideallösung angeboten:

(Vorläufige) Falllösung:

A könnte sich, indem er den B als „Penner" beschimpft hat, nach § 185 HS. 1 StGB strafbar gemacht haben.

Er müsste hierzu objektiv eine Beleidigung begangen haben. Seine Beschimpfung des B als „Penner" ist eine Beleidigung. A hat also den objektiven Tatbestand des § 185 HS. 1 StGB erfüllt.

Er handelte auch vorsätzlich, rechtswidrig und schuldhaft und hat sich entsprechend strafbar gemacht.

Erkennen Sie jetzt die Schwäche dieses Gutachtens? – Es bleibt letztlich rein   **41**
formal, es wird nicht konkret, es bleibt bei der bloßen Behauptung stehen,
dass die Beschimpfung als „Penner" eine Beleidigung ist! Hier fehlt die **Definition**, die Konkretisierung des Begriffs Beleidigung. Nach der herrschenden Meinung ist eine Beleidigung ein Angriff auf die Ehre des anderen durch
Kundgabe der Missachtung. Lösen Sie vor diesem Hintergrund den Fall er-
neut! Nennen Sie dabei die Definition der Beleidigung vor dem Untersatz.

Zweite Falllösung:

> *I. A könnte sich, indem er den B als „Penner" beschimpfte, nach § 185
> HS. 1 StGB strafbar gemacht haben.*

>> *1. Er müsste hierzu objektiv eine Beleidigung begangen haben.*

>> **2. Eine Beleidigung ist ein Angriff auf die Ehre des anderen
>> durch Kundgabe der Missachtung.**

>> *3. Indem A den B als „Penner" beschimpfte,* **ihm also eine allge-
>> mein als negativ empfundene Bezeichnung gab,** *gab er seine
>> Missachtung des B kund. Hierdurch griff er auch die Ehre des B
>> an, da die Beschimpfung als „Penner"* **geeignet ist, den Be-
>> schimpften in den Augen der Allgemeinheit herabzuwürdigen.**

>> *4. A beging also eine Beleidigung, erfüllte also den objektiven Tat-
>> bestand des § 185 HS 1 StGB.*

> *II. Er handelte auch vorsätzlich, rechtswidrig und schuldhaft und hat
> sich entsprechend strafbar gemacht.*

Sie sehen, erst jetzt (2. Falllösung) dringt das Gutachten zum inhaltlichen   **42**
Kern vor! Achten Sie stets darauf, dass das formale Abspulen der logischen
Zusammenhänge (1. Falllösung) nicht ausreicht. Neben der Definition (fett
gedruckt unter 2.) sind insbesondere auch die fett gedruckten Erklärungen
unter 3. wichtig, die nämlich die eigentliche inhaltliche Subsumtion des
Sachverhalts unter das definierte Merkmal erst leisten: Fehlen diese, dann
haben Sie zwar die Definition genannt, diese aber wiederum nur formal, nicht
wirklich begründend, mit dem Sachverhalt in Beziehung gesetzt.

Woher wissen Sie aber, wie ein bestimmtes Tatbestandsmerkmal definiert ist?   **43**
Falls Sie eine Hausarbeit schreiben (oder später in der Berufspraxis), haben
Sie die Möglichkeit, im Kommentar nachzuschauen. Für die Klausur wird
erwartet, dass Sie die wichtigsten Definitionen kennen. Darauf werden Sie
aber im Studium im Einzelnen hingewiesen.

11. Abschlussfall

44   In diesem Kapitel haben Sie bereits die wichtigsten Regeln für die saubere Abfassung eines Gutachtens kennen gelernt, nämlich, wie man einen Sachverhalt logisch richtig und stilistisch annehmbar unter eine Norm subsumiert. Unterschätzen Sie das nicht! Häufig unterlaufen den Studierenden bereits hier gravierende Mängel, insbesondere wenn sie gelerntes Wissen im Gutachten reproduzieren ohne zu beachten, dass sie dabei die im Sachverhalt angelegten Problemschwerpunkte vernachlässigen oder sogar überhaupt den Bezug zum gestellten Fall verlieren. Lösen Sie zum Abschluss dieses Kapitels ausführlich folgenden

45   *Beispielfall:*

A schlägt dem B vorsätzlich mit der Faust ins Gesicht, was zu einem starken Bluterguss unter dem linken Auge des B führt. Hat sich A nach § 223 Abs. 1 StGB strafbar gemacht?

Hinweis:

Nach der in der Rechtsprechung etablierten Definition ist eine körperliche Misshandlung eine üble unangemessene Behandlung, die entweder das körperliche Wohlbefinden oder die körperliche Unversehrtheit erheblich beeinträchtigt. Eine Gesundheitsbeschädigung ist das Hervorrufen oder Verstärken eines pathologischen Zustandes.

Falllösung:

A könnte sich nach § 223 Abs. 1 StGB strafbar gemacht haben, indem er dem B ins Gesicht schlug.

Objektiv müsste A nach § 223 Abs. 1 Alt. 1 StGB den B körperlich misshandelt haben. Eine körperliche Misshandlung ist eine üble unangemessene Behandlung, die entweder das körperliche Wohlbefinden oder die körperliche Unversehrtheit erheblich beeinträchtigt. Ein Faustschlag, wie ihn der A gegen den B führte, ist eine üble unangemessene Behandlung, sie ist nämlich sozial inadäquat und geeignet, erhebliche Schmerzen zu verursachen. Diese Handlung beeinträchtigte auch das körperliche Wohlbefinden des B, denn sie war jedenfalls konkret auch mit Schmerzen verbunden. A misshandelte also den B körperlich, er erfüllte also den objektiven Tatbestand des § 223 Abs. 1 Alt. 1 StGB.

Nach § 223 Abs. 1 Alt. 2 StGB müsste A den B an der Gesundheit beschädigt, also einen pathologischen Zustand bei diesem hervorgerufen

oder verstärkt haben. A brachte dem B einen starken Bluterguss bei, also eine schmerzhafte und für längere Zeit bestehende Wunde, er rief also einen pathologischen Zustand hervor. A beschädigte den B also auch an der Gesundheit, erfüllte also auch den objektiven Tatbestand des § 223 Abs. 1 Alt. 2 StGB.

A handelte auch vorsätzlich, rechtswidrig und schuldhaft und hat sich entsprechend strafbar gemacht.

Sie werden jetzt vielleicht einwenden: Ist eine solch ausführliche Erörterung **46** nicht überflüssig; ist es nicht *evident*, dass A an B eine Körperverletzung beging?

Der Einwand wäre nicht ganz unberechtigt. Sie werden im Lauf des Studiums und im Examen (und natürlich auch später in der Praxis) mit umfangreichen und komplexen Fällen konfrontiert werden, und da werden Sie (nicht zuletzt aus Zeitgründen!) einen Tatbestand wie den obigen in einem Satz abhandeln:

Falllösung:

Indem A dem B mittels eines Faustschlages einen Bluterguss am linken Auge beibrachte, erfüllte er den objektiven Tatbestand des § 223 Abs. 1 StGB in beiden Alternativen, er handelte dabei auch vorsätzlich, rechtswidrig und schuldhaft und hat sich entsprechend strafbar gemacht.

Zu Anfang des Studiums, solange die Fälle noch einfacher und leichter überschaubar sind, wird von Ihnen aber durchaus eine ausführliche Erörterung zu § 223 StGB erwartet. Letztlich gilt es im Blick zu haben, welche Funktion ihr Gutachten jeweils konkret hat. Gehen Sie nicht formalistisch, sondern pragmatisch vor!

Kapitel 2: Vorarbeiten zur Subsumtion; Stilfragen

1. Auffindung der zu prüfenden Normen

In Kapitel 1 wurde erörtert, wie man einen bestimmten Sachverhalt unter eine
bestimmte Norm subsumiert. Im Studium sowie in der Praxis sind dem verschiedene Fragen vorgeschaltet, die für die Qualität des späteren Gutachtens
von zentraler Bedeutung sind.

Die erste dieser Fragen lautet: Wie findet man die Norm oder die Normen,
unter die der Sachverhalt zu subsumieren ist? Antwort: Zum einen lernt man
die wichtigsten Normen automatisch nach und nach kennen, wenn man selbständig Übungsfälle löst, zum anderen sollte man sich auch angewöhnen, mit
dem Inhaltsverzeichnis und dem Stichwortverzeichnis (der zuunrecht sogenannten „Idiotenrennbahn") des Gesetzes zu arbeiten.

Ergebnis der Subsumtion unter die auf diese Weise gefundenen Normen kann
dabei auch sein, dass der Sachverhalt den Tatbestand der Norm *nicht* erfüllt
und die Rechtsfolge *nicht* eintritt. Bei umfangreicheren Fällen gibt es stets
Rechtsnormen, die man bei der Subsumtionsarbeit heranzieht, im Ergebnis
dann aber das Vorliegen ihrer Voraussetzungen verneinen muss. Dennoch
wäre es falsch, die Norm gar nicht heranzuziehen.[15]

Es fällt Studierenden manchmal schwer zu entscheiden, ob eine Norm anzuprüfen ist oder nicht. Dass es in dem Fall, in dem der A dem B ohne weitere
Folgen mit der Faust ins Gesicht schlägt, falsch wäre, eine Strafbarkeit des A
wegen Totschlags nach § 212 Abs. 1 StGB anzuprüfen, liegt auf der Hand.
Wohlgemerkt: Die Prüfung wäre, selbst falls an sich korrekt durchgeführt,
sinnlos, also überflüssig und damit falsch. Sie würde die Qualität des Gutachtens erheblich mindern.

Wie kann man sich davor schützen, solche „abwegigen" Prüfungen durchzuführen? Hiergegen gibt es zwei Mittel: Erstens muss man Erfahrung sam-
meln. Trainieren Sie von Anfang an und stets anhand von Übungsfällen mit
Lösungsskizzen. Zweitens gilt es, sich stets die Funktion des Gutachtens klar
machen, die nämlich darin besteht, dass diejenigen Probleme erörtert werden,
die der Sachverhalt stellt, und nicht irgendwelche Probleme. Für das Studium

---

[15] Manche verwenden hier den Begriff „einschlägig". Danach ist eine Norm bereits einschlägig, wenn sie zur Überprüfung heranzuziehen ist. Vor der Verwendung des Begriffs möchte ich warnen, weil andere ihn in dem Sinne verstehen, dass erst eine Norm,
deren Voraussetzungen vorliegen, einschlägig ist. Hier drohen Missverständnisse.

ist es dabei notwendig zu lernen, Hinweise des Aufgabentextes auf solche Probleme zu erkennen.

49 Diese Vorgehensweise ist keineswegs praxisfern. Auch der Richter geht – bis zu einem gewissen Grade – in seinem Urteil auf den Sachvortrag und die Argumente der beteiligten Parteien ein. Ein gutes Urteil zeichnet sich nicht allein durch ein „richtiges" Ergebnis aus, sondern es demonstriert auch den Parteien, dass der Richter ihre Darlegungen berücksichtigt hat. Nur dann kann dieser erreichen, dass die Parteien sein Urteil wirklich akzeptieren. Ebenso wird der Mandant, der als Beschuldigter zu Ihnen als Strafverteidiger kommt und Sie um Rat fragt, von Ihnen erwarten, dass Sie in Ihrem Gutachten auf seine Argumente und Vorstellungen eingehen, und sei es nur mit dem Hinweis, dass sie irrelevant sind. Auch in der Praxis soll also die juristische Erörterung (ob im Urteil oder Gutachten) die zugrundeliegenden Sachverhaltsangaben gewissermaßen widerspiegeln.

50 Würden Sie vor diesem Hintergrund für den Fall, dass laut Sachverhalt der A dem B mit der Faust ins Gesicht geschlagen hat, prüfen, ob sich A nicht nur nach § 223 Abs. 1 StGB, sondern auch wegen tätlicher Beleidigung nach § 185 HS. 2 StGB strafbar gemacht hat?

Antwort (Vorüberlegung, die nicht Teil des Gutachtens ist!):

Zwar kann in einem Faustschlag ins Gesicht unter Umständen eine tätliche Beleidigung liegen. Er hat tendenziell eine höhere beleidigende Symbolwirkung als zum Beispiel ein Faustschlag in den Magen.

Der beleidigende Charakter des Schlags ins Gesicht ist aber nur gegeben, wenn noch bestimmte beleidigende Umstände hinzukommen (zum Beispiel, dass der Schlag in aller Öffentlichkeit erfolgt). Hierfür fehlen im Sachverhalt aber jegliche Anhaltspunkte. Der Aufgabentext zielt also nicht eigentlich auf eine Erörterung dieser Frage ab.

51 Im Gutachten sollte man deshalb die tätliche Beleidigung entweder gar nicht anprüfen oder allenfalls kurz erwähnen. Diese kurze Erwähnung sollten Sie im Urteilsstil abfassen, denn dadurch zeigen Sie, dass das Ergebnis der Prüfung auf den ersten Blick feststeht (evident ist!). Fertigen Sie vor diesem Hintergrund eine Falllösung (Prüfung von §§ 223, 185 StGB) an!

Falllösung:

1. A könnte sich, indem er dem B mit der Faust ins Gesicht schlug, nach § 223 Abs. 1 StGB strafbar gemacht haben.

Er erfüllte den objektiven Tatbestand der ersten Alternative (körperliche Misshandlung), behandelte den B nämlich übel und unangemessen und beeinträchtigte dessen körperliches Wohlbefinden erheblich, indem er ihm mit der Faust ins Gesicht schlug. Eine Beschädigung der Gesundheit (zweite Alternative), nämlich das Hervorrufen eines pathologischen Zustandes, liegt hierin nicht. A erfüllte also den Tatbestand des § 223 Abs. 1 Alt. 1 StGB.[16]

Er handelte auch vorsätzlich, rechtswidrig und schuldhaft und hat sich entsprechend strafbar gemacht.

2. A hat sich nicht darüber hinaus nach § 185 HS. 2 StGB strafbar gemacht, da sich bereits objektiv für den erforderlichen beleidigenden Charakter seiner Tathandlung aus dem Sachverhalt nichts ergibt.

Zu dieser Problematik noch ein   **52**

Beispielfall:

A fährt vorsätzlich betrunken (Blutalkoholkonzentration: 1,0 Promille) in großen Schlangenlinien mit seinem Auto von der Kneipe nach Hause. Hat er sich dadurch strafbar gemacht?

Stellen Sie Vorüberlegungen darüber an, welche der folgenden drei Vorschriften im Gutachten anzusprechen wären: § 315c StGB, § 316 StGB sowie § 24a Abs. 1 StVG (Straßenverkehrsgesetz), der lautet:

„Ordnungswidrig handelt, wer im Verkehr ein Fahrzeug führt, obwohl er [...] 0,5 Promille oder mehr Alkohol im Blut [...] hat [...]."

---

[16] Man kann diese Prüfung auch sehr viel detaillierter ausführen, vergleiche den Abschlussfall zu Kapitel 1, oben Rn. 45. Das ist aber angesichts der Tatsache, dass die Erfüllung des objektiven Tatbestandes evident ist, jedenfalls nicht unbedingt notwendig.

Vorüberlegungen (die nicht Teil des Gutachtens sind):

1. Eine Strafbarkeit nach § 315c StGB, hier allenfalls in der Variante § 315c Abs. 1 Nr. 1 a StGB, setzt – nach Absatz 1 am Ende – die konkrete Gefährdung eines anderen Menschen oder fremder Sachen voraus. Darüber sagt der Sachverhalt nichts. A ist also nicht nach § 315c StGB strafbar, was man im Gutachten kurz erwähnen oder ganz weglassen kann.

2. Strafbarkeit nach § 316 StGB liegt vor, was im Gutachten auszuführen ist.

3. Was § 24a Abs. 1 StVG angeht, so hat A zwar dessen Tatbestand erfüllt. Die Rechtsfolge dieser Norm ist aber, dass A ordnungswidrig gehandelt hat. Danach ist jedoch in der Aufgabenstellung nicht gefragt, sondern nur nach der Strafbarkeit des A. § 24a StVG ist also für die Falllösung von vornherein irrelevant, so dass es bereits verfehlt wäre, diese Vorschrift im Gutachten überhaupt anzusprechen! (Zugegeben: Es handelte sich um eine Falle, aber auf so etwas müssen Sie sich durchaus einstellen!)

53 Fertigen Sie auf der Basis dieser Vorüberlegungen eine Falllösung an!

Falllösung:

Fraglich ist, ob A sich strafbar gemacht hat, indem er betrunken in starken Schlangenlinien von der Kneipe nach Hause fuhr.

1. Eine Strafbarkeit nach § 315c Abs. 1 Nr. 1 a StGB kommt nicht in Betracht, da der A bereits objektiv weder Leib oder Leben eines anderen Menschen noch eine fremde Sache von bedeutendem Wert gefährdet hat.

2. A könnte sich aber nach § 316 Abs. 1 StGB strafbar gemacht haben.

Er müsste hierzu objektiv im Verkehr ein Fahrzeug geführt haben, obwohl er infolge Genusses alkoholischer Getränke nicht mehr in der Lage war, das Fahrzeug sicher zu führen. A fuhr mit seinem Auto, also einem Fahrzeug, im Straßenverkehr, nämlich auf der öffentlichen Straße von der Kneipe nach Hause. Dabei fuhr er mit stark erhöhter Blutalkoholkonzentration (1,0 Promille) in großen Schlangenlinien, er war also aufgrund des Alkoholkonsums nicht mehr zu einem sicheren Führen des Fahrzeugs in der Lage. Somit erfüllte er den objektiven Tatbestand des § 316 Abs. 1 StGB.

Er handelte auch vorsätzlich, rechtswidrig und schuldhaft und hat sich dementsprechend strafbar gemacht.

3. Gesamtergebnis: A hat sich nach § 316 Abs. 1 StGB strafbar gemacht.

Sie sehen: § 24a Abs. 1 StVG findet keine Erwähnung!

2. Aufbereitung des Sachverhalts

In der Praxis ist es meist schwieriger und aufwendiger, den Sachverhalt eines juristischen Falles zu ermitteln, als die Normen richtig auf ihn anzuwenden, also die eigentliche Subsumtionsarbeit zu leisten. Als Anwalt müssen Sie zum Beispiel von Ihrem womöglich konfusen Mandanten die rechtlich relevanten Dinge geschickt erfragen. Als Richter müssen Sie, um sich eine Überzeugung vom Tathergang bilden zu können, häufig Beweise erheben, zum Beispiel Zeugen befragen, wobei Ihnen diese oft alles Mögliche, nur nicht die Wahrheit erzählen werden.   54

Im Studium dagegen erhalten Sie einen fertigen schriftlichen Sachverhalt zur Bearbeitung. Aber auch hier ist es notwendig, vor Beginn der eigentlichen Subsumtionsarbeit den Sachverhalt aufzubereiten, der oft umfangreich und unübersichtlich ist. Dies erfolgt, grob gesagt, in zwei Schritten.

Erstens muss man den Sachverhalt für sich überschaubar machen, für sich erschließen. Dabei kommt es insbesondere darauf an, dass man den geschilderten Geschehensablauf in die einzelnen Handlungen der verschiedenen Personen auffächert. Dies wird von Studierenden oft vernachlässigt mit der Folge, dass im Gutachten schon gar nicht erkennbar ist, auf welche konkrete Handlung sich die rechtlichen Ausführungen überhaupt beziehen. Das Ganze ist dann völlig unbrauchbar!   55

Zweitens gilt es, ähnlich wie bei der Rechtsanwendung in der Praxis, das rechtlich Unerhebliche, die „Story", aus dem Sachverhalt auszufiltern. Seien Sie hier aber vorsichtig! Manchmal sind Angaben des Sachverhalts, die zunächst irrelevant erscheinen, letztlich doch erheblich. Wenn nach Ihrem Lösungsweg ganze Passagen des Sachverhalts irrelevant sind, sollten sie überprüfen, ob Sie nicht wesentliche Aspekte der Falllösung übersehen haben.

Listen Sie schriftlich die einzelnen Handlungen des folgenden Falles auf, die Sie für rechtlich relevant halten.   56

Beispielfall:

A lauert dem B in einem dunklen Waldweg auf. Er will sich an B rächen, weil dieser ihn in der Öffentlichkeit bloßgestellt hat.

Als B vorbeikommt, springt A aus dem Gebüsch und schlägt dem B mit der Faust hart in den Magen. B schlägt ebenso hart in den Magen des A zurück. Daraufhin gibt A dem B einen Hieb gegen die Schläfe, so dass dieser zusammensackt und einen starken Bluterguss davonträgt.

In diesem Moment kommt C vorbei. A sieht ihn, zückt sein Springmesser, fuchtelt damit herum und brüllt ihn an: „Verschwinden Sie, sonst mach ich Sie kalt!" C läuft in Panik davon. Haben sich A, B und C strafbar gemacht?

Hinweis:

Berücksichtigen Sie § 223 Abs. 1 StGB, § 241 StGB sowie § 185 StGB.

Lösung: Skizze zur Sachverhaltserfassung (nicht Teil des Gutachtens):

1. Das Lauern des A ist für sich betrachtet rechtlich unerheblich, ist „Story", ebenso die Beweggründe des A (Rache) und B's Herankommen.

2. Das Hervorspringen des A wäre relevant als Versuch einer Körperverletzung (§§ 223 Abs. 1, 22 StGB), wenn keine Vollendung (tatsächliche Begehung) der Körperverletzung einträte. Vorliegend tritt das Hervorspringen aber hinter der Vollendung zurück, ist also unbeachtlich.

3. Relevant ist der erste Schlag des A in den Magen des B, nämlich im Hinblick auf § 223 Abs. 1 StGB, wie auch

4. der Schlag des B in den Magen des A und

5. der Schläfenhieb des A (mit Folge: Bluterguss).

6. Das Vorbeikommen des C ist für sich genommen irrelevant.

7. Das Brüllen des A „Verschwinden Sie..." könnte den Tatbestand des § 241 Abs. 1 StGB erfüllen.

Dass A sein Springmesser zieht, ist, isoliert betrachtet, nicht strafrechtlich relevant, aber vorliegend als Indiz für die Ernstlichkeit der Bedrohung bedeutsam.

8. Eine Beleidigung nach § 185 StGB dürfte in dem Brüllen nicht liegen, zumal der A den C siezt. Eine kurze Prüfung wäre nicht abwegig, aber auch nicht notwendig.

9. C's Weglaufen ist irrelevant (sofern nicht § 323c StGB zu prüfen ist!).

Aus dieser Auflistung, insbesondere der Überlegung „7.", ersehen Sie, dass **57**
bereits bei der Aufbereitung des Sachverhalts beachtet werden muss, welche
Rechtsnormen für die Prüfung in Betracht kommen.

Genau genommen kann man also die Aufbereitung des Sachverhalts von der
Auswahl der zu prüfenden Normen und von der eigentlichen Subsumtionsarbeit gar nicht klar gedanklich trennen, es handelt sich vielmehr um ein
fortschreitendes Annähern des Sachverhalts und der Rechtsnormen anein-
ander.[17] Lösen Sie auf der Basis der Vorüberlegungen nun gutachterlich den
obigen Fall!

Falllösung: **58**

1. Strafbarkeit des A

*a. A könnte sich, indem er dem B mit der Faust in den Magen schlug,
nach § 223 Abs. 1 StGB strafbar gemacht haben.*

*Objektiv misshandelte A den B körperlich (Alt. 1), denn der Fausthieb
stellte eine üble unangemessene Behandlung dar, die das körperliche
Wohlbefinden des B erheblich beeinträchtigte. Eine Gesundheitsbeschädigung (Alt. 2), also die Herbeiführung eines pathologischen Zustandes,
lag hierin objektiv nicht.*

*A handelte hinsichtlich § 223 Abs. 1 Alt. 1 StGB auch vorsätzlich,
rechtswidrig und schuldhaft und hat sich entsprechend strafbar gemacht.*

*b. A könnte sich, indem er dem B einen Kinnhaken gab, nochmals nach
§ 223 Abs. 1 StGB strafbar gemacht haben.*

*Auch dieser Kinnhaken war objektiv eine körperliche Misshandlung
(Alt. 1). Darüber hinaus erfüllte er auch den Tatbestand der Gesund-
heitsbeschädigung (Alt. 2), da im Beibringen eines Blutergusses das
Hervorrufen eines pathologischen Zustandes liegt. A erfüllte also den
Tatbestand des § 223 Abs. 1 StGB objektiv, er handelte auch vorsätzlich,*

---

[17] Damit ist ein zentrales Problem der juristischen Methodenlehre angesprochen, dass
nämlich kaum feststellbar ist, wann innerhalb seines Denkprozesses und auf welcher
Basis der Rechtsanwender tatsächlich seine Entscheidungen trifft. Kein Mensch kann
objektiv urteilen. An einem Richter wird gerade gerühmt, dass er den Fall schon von
vornherein richtig einschätzt aufgrund seines guten Judizes, seines sozusagen rein
emotionalen Vorurteils, das er erst im Nachhinein auf Normen stützt, vergleiche *Adomeit* S. 12 f.; – *Larenz/ Canaris* S. 27-33 (auch S. 99-103) erörtern dieses Problem unter dem Begriff des „Vorverständnisses".

rechtswidrig und schuldhaft und hat sich entsprechend strafbar gemacht.[18]

c. Indem A den C anbrüllte („Verschwinden Sie, sonst mach ich Sie kalt!"), könnte er sich nach § 241 Abs. 1 StGB strafbar gemacht haben.

Objektiv müsste A dem C mit einem bevorstehenden gegen ihn gerichteten Verbrechen gedroht haben. A drohte dem C an, ihn „kaltzumachen", also ihn zu töten, drohte also mit der Durchführung eines Verbrechens (vergleiche §§ 212 Abs. 1, 12 Abs. 1 StGB).

Diese Bedrohung muss auch als ernst gemeint eingestuft werden, da der A mit seinem Springmesser herumfuchtelte, also auf seine Fähigkeit hindeutete, die Drohung umgehend wahr zu machen. A erfüllte also den objektiven Tatbestand des § 241 Abs. 1 StGB.

Er handelte auch vorsätzlich, rechtswidrig und schuldhaft und hat sich entsprechend strafbar gemacht.

59   *2. Strafbarkeit des B*

Indem B dem A in den Magen schlug, erfüllte er objektiv den Tatbestand des § 223 Abs. 1 Alt. 1 StGB; er handelte auch vorsätzlich, rechtswidrig und schuldhaft und hat sich entsprechend strafbar gemacht.[19]

3. Eine Strafbarkeit des C kommt nicht in Betracht.

Die einzelnen Handlungen der Beteiligten auseinanderzuhalten und im Gutachten stets präzise zu bezeichnen, ist nicht nur im Strafrecht unbedingt notwendig. Auch im Zivilrecht muss zum Beispiel die Prüfung komplizierter Übereignungshandlungen und -tatbestände (etwa nach §§ 929 ff. BGB) sorgfältig Schritt für Schritt erfolgen.

---

[18] Man hätte hier, anstatt nach der Strafbarkeit der Beteiligten zu gliedern, auch die Handlung des B vor der zweiten Handlung des A prüfen, also streng chronologisch vorgehen können. Wählen Sie denjenigen Aufbau, der Ihnen am übersichtlichsten erscheint!

[19] Es wäre nicht sinnvoll, vielmehr ungeschickt, hier genauso ausführlich nochmals § 223 StGB zu prüfen wie bei der ersten Handlung, da sich nichts Neues ergibt. Vermeiden Sie überflüssige Wiederholungen!

3. Unklarheiten im gestellten Sachverhalt

Wie gehen Sie vor, wenn der Sachverhalt zu einem rechtlich relevanten As-   **60**
pekt schweigt? Hierzu folgender

Beispielfall:

*A und B dringen in das Haus des C ein, wobei A mit einer Pistole be-
waffnet ist. Wenig später fällt ein Schuss, und C liegt tödlich getroffen
am Boden.*

Können Sie in Ihrem Gutachten davon ausgehen, dass A der Schütze war?
Oder müssen Sie die Möglichkeit in Betracht ziehen, dass A dem B zuvor die
Pistole gab und dieser schoss, was ja praktisch durchaus möglich wäre?

Zunächst einmal: Solche Unklarheiten, die sich auf den Tathergang beziehen,
sind grundsätzlich als Unzulänglichkeiten des Sachverhalts anzusehen; sie
haben keinen besonderen Sinn, denn die juristische Kunst besteht nicht darin,
einen dem Anspruch nach klaren, tatsächlich aber unklaren Sachverhalt zu
interpretieren. Nichts hätte den Klausurersteller gehindert, explizit den Schützen zu benennen.

Gleichwohl werden Ihnen im Studium solche Unklarheiten immer wieder   **61**
begegnen, und Sie sollten lernen, damit richtig umzugehen. Häufig begehen
Bearbeiter strafrechtlicher Klausuren den Fehler, (ihrer Meinung nach) un-
klare Sachverhaltspassagen unter Rückgriff auf den Grundsatz in *dubio pro
reo* zu lösen, also mit Hinweis darauf, dass im Falle unsicherer Beweislage zu
Gunsten des Verdächtigten zu entscheiden ist.[20] Demnach müsste man also
im Rahmen der Prüfung, ob A strafbar ist, erklären, dass zu seinen Gunsten
aufgrund des uneindeutigen Sachverhalts davon ausgegangen werden muss,
dass nicht er, sondern der B schoss, dass A also nicht wegen Totschlags strafbar ist.

Diese Argumentation ist aber, wie gesagt, falsch! Der Grundsatz in *dubio pro
reo* gilt nämlich nur im Falle einer unsicheren Beweislage, nicht aber bei der
Interpretation eines klausurmäßigen Sachverhalts, denn dieser erhebt den
Anspruch, eindeutig zu sein.

Vielmehr sind fehlende Angaben im Sachverhalt so zu ergänzen, wie es nach   **62**
dem gewöhnlichen Ablauf der Dinge zu erwarten ist. Wenn also A mit der

---

[20] Dieser Grundsatz ist in Art. 6 Abs. 2 EMRK (Europäische Menschenrechtskommis-
sion) festgeschrieben. Näheres bei *Tröndle/ Fischer* § 1 Rn. 20 ff.

Pistole bewaffnet das Haus betritt, können Sie davon ausgehen, dass auch er es ist, der schießt, sofern im Sachverhalt kein Anhaltspunkt dafür besteht, dass er dem B die Waffe vorher übergeben hat. Wie interpretieren Sie vor diesem Hintergrund folgenden

Sachverhalt:

A, Nichtstudent, bezieht ein Mensaessen, obwohl in der Mensa deutlich sichtbar ein Schild aufgestellt ist, dass nur Studenten Mensaessen beziehen dürfen.[21]

Gehen Sie in Ihrer Falllösung davon aus, dass A das Schild gesehen hat?

Antwort:

Ja, denn nach dem gewöhnlichen Ablauf der Dinge, der hier zu unterstellen ist, sieht jeder Besucher der Mensa, also auch der A, „deutlich sichtbar aufgestellte" Schilder.

In der Klausur stellen Sie in einem solchen Fall, ohne weitere Begründung, nur kurz klar, wie Sie den Sachverhalt interpretieren, und zwar dort im Gutachten, wo diese Tatsache relevant wird (hier also zum Beispiel im Rahmen des Vorsatzes bezüglich eines Betrugs, § 263 StGB):

Es ist davon ausgehen, dass A das Schild, welches deutlich sichtbar aufgestellt war, auch gesehen hat.

63   Übrigens wird Ihnen ein Fehlen relevanter Angaben häufig hinsichtlich *subjektiver* Merkmale begegnen, also im Strafrecht insbesondere hinsichtlich der Frage, ob der Täter *vorsätzlich* handelte. Insoweit sind Auslassungen im Sachverhalt auch keine Unzulänglichkeiten, sondern sinnvoll, da von Ihnen erwartet werden darf, aus den objektiven Umständen auf die Vorstellungen und Absichten des Täters zu schließen.

Wenn etwa laut Sachverhalt der A den B mit dem Kopf fünf Minuten lang in einen gefüllten Wassereimer taucht, bis dieser erstickt ist, dann dürfen und müssen Sie hieraus ohne Weiteres schließen, dass A den B *vorsätzlich* tötete.

---

[21] Beispiel und Nachweis der Fundstelle bei *Arzt* S. 60.

Diese Methode der Sachverhaltsergänzung nach dem gewöhnlichen Lauf der **64** Dinge also wenden Sie bei einem (Ihrer Meinung nach) unvollständigen Sachverhalt stets an. Eine Ausnahme von dieser Regel besteht nur dann, wenn im Sachverhalt die Beweislage *ausdrücklich* als unklar bezeichnet wird, etwa wie in folgendem

Beispielfall:
A verkauft dem B die goldene Taschenuhr des C. Es kann vor Gericht nicht geklärt werden, ob A selbst oder ein anderer dem C die Uhr gestohlen hat.

Hier könnte A aufgrund des Grundsatzes *in dubio pro reo* nicht wegen Diebstahls nach § 242 Abs. 1 StGB bestraft werden. Aber auch eine Bestrafung wegen Hehlerei nach § 259 Abs. 1 StGB wäre problematisch, da der Vortäter (also der Dieb) nicht tauglicher Täter der Hehlerei ist (vergleiche den Wortlaut: „ein anderer").[22]

Diese explizite Unklarheit der Beweislage ist aber eine seltene Sonderkonstellation, die Sie an der entsprechenden Formulierung im Sachverhalt leicht erkennen.

4. Sprachstil des Gutachtens

a. Keine Übernahme des Sprachstils des Sachverhalts

Die Subsumtion des Sachverhalts unter die Normen bedeutet auch eine Um- **65** formung des Sachverhalts in *sprachlicher* Hinsicht – von der Alltagssprache in die juristische Fachsprache. Insbesondere wenn Aussagen von handelnden Personen im Sachverhalt wiedergegeben werden, darf deren sprachliches Niveau nicht ins Gutachten übernommen werden. Wenn also laut Sachverhalt der A erklärt: „Ich hatte Angst, vom B vermöbelt zu werden", dann darf die Formulierung „vermöbeln" allenfalls in Anführungszeichen ins Gutachten übernommen werden.

Des Weiteren sollten Sie beachten, dass manche Ausdrücke der Alltagsspra- **66** che zugleich juristische Fachbegriffe sind, die Sie nicht unreflektiert verwenden dürfen. Wenn zum Beispiel laut Sachverhalt der „A den B damit

---

[22] Solche Konstellationen versucht man mit Hilfe der sogenannten Wahlfeststellung (hier: Postpendenz) in den Griff zu bekommen, Näheres bei *Tröndle/ Fischer* § 1 Rn. 18-31.

bedroht, ihn zu ohrfeigen", dann sollte im Gutachten der Begriff „bedroht" nicht fallen. Es handelt sich hier nämlich gerade nicht um eine Bedrohung mit einem Verbrechen im Sinne von § 241 Abs. 1 StGB, da das Ohrfeigen allenfalls eine Körperverletzung nach § 223 Abs. 1 StGB, also kein Verbrechen ist, vergleiche § 12 Abs. 1 und 2 StGB.

Im Zivilrecht ist zum Beispiel darauf zu achten, dass die Begriffe „Besitz" und „Eigentum" in der Laiensprache anders verwendet werden als in der juristischen Fachsprache. Hier sollten Sie sich keine Fehler erlauben!

b. Sachlicher, klarer, objektiver und verständlicher Sprachstil

67   Als Jurist haben Sie die Aufgabe, Lebenssachverhalte zu rationalisieren, das heißt sachlich darzustellen. Nehmen Sie keine moralischen Bewertungen vor, sondern nur rechtliche. Wenn laut Sachverhalt der A den B tötet, indem er ihm mit einer Gartenschere den Unterleib zerwühlt, so stellen Sie nüchtern fest, dass diese Tötungsart Schmerzen hervorruft, die über das für die Tötung erforderliche Maß hinausgehen, so dass der A grausam im Sinne von § 211 Abs. 1 Gr. 2 Var. 2 StGB gehandelt hat.

Formulieren Sie des Weiteren klar und einfach, ohne verstärkende Zusätze zu verwenden. Vergleichen Sie dazu folgende Formulierungen:

Variante 1 (Negativbeispiel!):

A nötigte den B keineswegs im Sinne von § 240 StGB, denn er ließ ihm ja in seiner Entscheidung zweifellos die freie Wahl.

Variante 2 (Positivbeispiel):

A nötigte den B nicht im Sinne von § 240 StGB, denn er ließ ihm in seiner Entscheidung die freie Wahl.

68   Sie sehen: Die erste Variante täuscht nur vor, besser zu argumentieren als die zweite, inhaltlich gibt sie nicht mehr her. – Und paradoxerweise sind die verstärkenden Zusätze oft ein Hinweis darauf, dass sich der Verfasser seiner Sache gar nicht so sicher ist. Meiden Sie die Wörter: „ja", „keineswegs", „ohne Zweifel", „zweifellos", „natürlich", „unproblematisch" etc.

Wenn Sie meinen, es seien zur Stützung einer Behauptung Argumente notwendig, dann argumentieren Sie, wenn nicht, dann stellen Sie die betreffende Tatsache einfach und schlicht fest!

Pflegen Sie außerdem einen objektiven Stil. Im Gutachten ist nicht Ihre Pri-   **69**
vatmeinung zu irgendeiner juristischen Frage von Bedeutung, sondern Sie
stützen sich auf allgemein anerkannte Regeln und Auffassungen. Die *erste*
Person singular („nach meiner Auffassung", „ich meine") zu verwenden ist
unzulässig! (Dies gilt, obwohl Ihre Bewertung trotzdem subjektiv ist: Legt
man verschiedenen Richtern einen Fall vor, so werden nicht alle diesen auf
dieselbe Weise entscheiden.)

Und schließlich: Schreiben Sie nicht überkompliziert. Achten Sie darauf,
kurze Sätze und Absätze zu bilden. Ihre Ausführungen sollten leicht verständlich und optisch übersichtlich sein.

Kapitel 3: Systeme von Rechtssätzen

1. Innere und äußere Systeme von Rechtssätzen

Alle Rechtssätze weisen die Struktur von Sollenssätzen auf (hierzu bereits oben Rn. 6). Dies leuchtet unmittelbar ein etwa für Sätze wie § 211 Abs. 1 StGB, wonach der Mörder (vom Staat) mit lebenslanger Freiheitsstrafe bestraft werden soll. Wie ist das Prinzip des Sollens aber zu verstehen etwa bezogen auf § 11 Abs. 1 Nr. 7 StGB:

„Im Sinne dieses Gesetzes ist Behörde: auch das Gericht."?

Was soll hier der Rechtsanwender tun? Wenn man den Sollensbegriffs rein formal begreift, kann man sagen, dass jedes „Gericht" unter die Tatbestandsvoraussetzung „Behörde" subsumiert werden soll, und dass darin der Regelungscharakter, der Normcharakter dieses Paragraphen besteht.

Die meisten Rechtstheoretiker verstehen den Sollensbegriff aber nicht als rein formalen, sondern auch als inhaltlich bestimmenden Begriff: Ein „Sollen" und damit ein echter Rechtssatz liegt demnach nur vor, wenn der Satz einen bestimmten Typ von Rechtsfolge aufweist, nämlich eine tatsächliche Verpflichtung des Adressaten zu einer Handlung. Demnach ist § 11 Abs. 1 Nr. 7 StGB also kein echter, sondern ein „unvollständiger" Rechtssatz, der nur dazu dient, einen echten Rechtssatz zu ergänzen, wie zum Beispiel die strafbegründende Norm des § 145d StGB, die den Begriff Behörde als Tatbestandsvoraussetzung enthält.[23]

Gleichgültig, welchem Verständnis des Sollensprinzips man folgt, wird an dem gezeigten Problem jedenfalls deutlich, dass zum einen die Normen zueinander in Beziehung stehen und dass sie zum anderen hierarchische Strukturen untereinander aufweisen. So hat zum Beispiel § 11 Abs. 1 Nr. 7 StGB die Funktion, den Tatbestand des § 145d StGB näher zu definieren, ist also eine Art Hilfsnorm. Man nennt diesen Zusammenhang von Normen äußeres System, äußerlich, weil er auf einer sozusagen formalen, äußerlichen Verknüpfung beruht. Dem stehen die inneren Systeme gegenüber, das heißt die

---

[23] Zur Struktur der Rechtsnormen und dem Sollensprinzip existieren weitreichende Überlegungen und Theorien. Lesen Sie zum weiteren Verständnis *Adomeit* S. 16-22 sowie *Larenz/ Canaris* S. 71-87. Zur „Konstruktion des Rechtssatzes aus Grundnorm und Ergänzungsnormen" lesen Sie *Wank* S. 27-40.

inhaltlich-wertungsmäßigen Beziehungen zwischen den Normen.[24] Diese sind Gegenstand des Kapitels 4.

73 Zurück zu den äußeren Systemen. Sie weisen im Strafrecht, im Zivilrecht und im öffentlichen Recht grundlegende Unterschiede auf. Im Zivilrecht ist die Struktur des äußeren Normensystems geprägt durch das Anspruchsdenken: Ausgangspunkt zivilrechtlicher Fragestellungen ist, ob jemand einen bestimmten Anspruch auf irgendetwas gegen einen anderen hat. Hier kann man demnach die sogenannten Anspruchsgrundlagen (Normen, die einen Anspruch zusprechen) als Grundnormen bezeichnen.

Im Öffentlichen Recht steht – jedenfalls im Studium – die Frage im Mittelpunkt, ob ein bestimmter Rechtsbehelf gegen eine Maßnahme des Staates *zulässig* und *begründet* ist, zum Beispiel eine Verfassungsbeschwerde gegen ein von der Behörde erteiltes Berufsverbot, wobei insbesondere die Dogmatik der Grundrechte (Art. 1 ff. GG) systembildend wirkt.

2. Das strafrechtliche Normensystem: AT und BT

74 Im Folgenden wird das strafrechtliche Normensystem näher skizziert. Dabei geht es aber weiterhin darum, allgemeine methodische Fragestellungen zu verdeutlichen, die für jedes Rechtsgebiet von Bedeutung sind.

In strafrechtlichen Aufgabenstellungen wird in der Regel nach der Strafbarkeit handelnder Personen gefragt. Daraus ergibt sich, dass der Ausgangspunkt der strafrechtlichen Untersuchung eine Norm des Besonderen Teils (BT = §§ 80-358) des StGB ist, denn hier sind die einzelnen Delikte und ihre jeweilige Strafbarkeit geregelt. Die Normen des Allgemeinen Teils (AT = §§ 1-79b) regeln dagegen allgemeine Fragen, die bei jedem Delikt oder zumindest bei verschiedenen Delikten in gleicher Weise auftreten können. Sie werden *im Rahmen* der Prüfung von Normen aus dem BT relevant. So ist zum Beispiel die Erläuterung des Behördenbegriffs (§ 11 Abs. 1 Nr. 7 StGB) als allgemeine Erläuterung im AT zu finden, wohingegen die Strafbarkeit des Vortäuschens einer Straftat gegenüber einer Behörde (§ 145d StGB) im BT geregelt ist. (Studieren Sie einmal in Ruhe das Inhaltsverzeichnis des StGB!)Fertigen Sie vor diesem Hintergrund eine Lösungsskizze an zu folgendem

---

[24] Dieses Verständnis der Begriffe äußerlich und innerlich findet sich etwa bei *Larenz/Canaris* S. 263-318.

Beispielfall:

A schreibt einen Brief ans Amtsgericht Heidelberg, in dem er wissentlich **75**
falsch behauptet, der B habe ihm seine Geldbörse gestohlen. Hat A sich
nach § 145d StGB strafbar gemacht? (Beachten Sie § 11 Abs. 1 Nr. 5,
Nr. 7 und § 242 StGB.)

Falllösung:

A könnte sich, indem er in einem Brief an das Amtsgericht Heidelberg
erklärte, der B habe ihm die Geldbörse gestohlen, nach § 145d Abs. 1
Nr. 1 StGB strafbar gemacht haben.

1. Objektiv müsste er einer Behörde vorgetäuscht haben, dass eine
rechtswidrige Tat begangen worden sei.

a. Es müsste sich bei dem von A behaupteten Sachverhalt um eine
rechtswidrige Tat gehandelt haben. Rechtswidrige Taten sind nach § 11
Abs. 1 Nr. 5 StGB solche, die einen Tatbestand des StGB verwirklichen.
A behauptete, B habe ihm die Geldbörse gestohlen. Diese Handlung
würde den Tatbestand des § 242 Abs. 1 StGB erfüllen. A hat also vorge-
täuscht, eine rechtswidrige Tat sei begangen worden.

b. Er müsste dies einer Behörde vorgetäuscht haben. Behörde ist nach
§ 11 Abs. 7 StGB auch das Gericht. A hat den Brief ans Amtsgericht ge-
schrieben, also an eine Behörde im Sinne von § 145d Abs. 1 StGB.

A hat somit den objektiven Tatbestand des § 145d Abs. 1 Nr. 1 StGB er-
füllt.

2. Er handelte subjektiv auch wider besseres Wissen[25]*, ferner rechtswid-*
rig und schuldhaft, hat sich also entsprechend strafbar gemacht.

Weil § 11 Abs. 1 Nr. 5 und Nr. 7 StGB den Charakter einer Hilfsnorm bezo- **76**
gen auf § 145d StGB haben, muss im Gutachten im Rahmen des jeweiligen
Prüfungspunktes eine Schachtelprüfungen durchgeführt werden, wobei in die
Prüfung des § 11 Abs. 1 Nr. 5 StGB noch zusätzlich die des § 242 StGB ge-
schachtelt wird. § 242 StGB ist also in *dieser* Konstellation Hilfsnorm für die
Hilfsnorm § 11 Abs. 1 Nr. 5 StGB. In umfangreicheren Fällen sind vielfache
Schachtelungen notwendig.

---

[25] „Wider besseres Wissen" ist eine besondere Form des Vorsatzes, der sogenannte *dolus*
directus zweiten Grades. Dies soll hier aber nicht weiter interessieren, Näheres bei
Tröndle/ Fischer § 15 Rn. 7 f.

Sie sehen, dass man sich über die hierarchische Struktur der Normen immer im Klaren sein muss, sonst verliert man, sobald die Fälle etwas komplizierter werden, den Überblick und prüft Probleme an der falschen Stelle. Damit ist dann die Lösung unbrauchbar, selbst wenn sie inhaltlich richtig ist!

77 Und noch eins: Sämtliche Problemstellungen und Diskussionen müssen in den Deliktsaufbau eingepasst werden. „Vorüberlegungen" (etwa zu der Frage, ob die behauptete Handlung des B ein Diebstahl wäre) oder „geschichtliche Einleitungen" oder sonstige vom Fall losgelöste abstrakte Erwägungen sind im juristischen Gutachten unzulässig und ein schwerer systematischer Fehler. Ebenso unzulässig ist es, den gewählten Aufbau zu begründen; der Aufbau muss vielmehr immer aus sich heraus verständlich sein.

3. Der Deliktsaufbau: Tatbestand, Rechtswidrigkeit, Schuld

78 Juristisches Arbeiten bedeutet, Sachverhalte aus der unendlich komplexen Wirklichkeit mit einer begrenzten Anzahl von Normen in Beziehung zu setzen und zu einem Urteil zu gelangen. Ziel ist es dabei, mittels der verschiedenen Normen ein Raster zu entwerfen, in das alle möglichen Sachverhalte mit ihren Besonderheiten sinnvoll eingeordnet werden können.

Wenn etwa A den B tötet, so ist für die juristische Bewertung maßgeblich, wie und aus welchen Motiven die Tat begangen wurde, ob A zum Beispiel besonders grausam handelte (§ 211 Abs. 2 Gr. 2 Var. 2 StGB) oder nur versehentlich (§ 222 StGB) oder in Notwehr (§ 32 StGB) oder auf Verlangen des B (§ 216 StGB) oder im Zustand geistiger Umnachtung (§ 20 StGB).

79 Im deutschen Strafrecht hat sich ein Raster herausgebildet, wonach die Prüfung der Strafbarkeit (vereinfacht dargestellt) in drei Schritten erfolgt:

1. Erfüllung des Tatbestandes der Norm, nämlich

   (a) objektiv

   (b) subjektiv (=Vorsatz),

2. Rechtswidrigkeit der Handlung und

3. Schuldhaftigkeit.[26]

---

[26] Besonderheiten des Aufbaus, etwa beim versuchten Delikt oder bei fahrlässiger Begehung, sollen hier (möglichst) nicht erörtert werden, sondern (zumeist) nur Fälle, für die das Schema uneingeschränkt anwendbar ist.

Diese Dreiteilung ist nicht naturgegeben, sondern ergibt sich aus den Normen des AT. Dort sind Aspekte zum subjektiven Tatbestand (zum Beispiel § 15 StGB), zur Rechtswidrigkeit (zum Beispiel § 32 StGB) und zur Schuld (zum Beispiel § 20 StGB) im Einzelnen geregelt und erzwingen logisch diesen dreigliedrigen Aufbau (wobei allerdings die Einzelheiten stark umstritten sind). In den Rechtsordnungen anderer Länder bestehen zum Teil völlig andere Begriffe und Systeme.

In den bisherigen Übungsfällen war stets nur die Erfüllung des objektiven **80** Tatbestandes genauer zu erörtern, dagegen waren Vorsatz, Rechtswidrigkeit und Schuld stets evident gegeben, so dass hierzu eine kurze Feststellung ausreichte. Es können aber auch die Erfüllung des objektiven Tatbestandes evident und das Vorliegen von Vorsatz, Rechtswidrigkeit oder Schuld problematisch sein: Dann ist *hierauf* der Schwerpunkt der Prüfung zu legen.

Versuchen Sie anhand des folgenden Übungsfalles, richtige Schwerpunkte zu setzen. Beachten Sie dabei auch, dass die Prüfungsreihenfolge 1. Tatbestand, a. objektiv; b. subjektiv (= Vorsatz); 2. Rechtswidrigkeit; 3. Schuld grundsätzlich zwingend ist, da sich jeder Prüfungspunkt stets logisch auf den vorangehenden bezieht. Deshalb bricht die Prüfung im Regelfall auch sofort ab, wenn die Prüfung *eines* Punktes zu einem negativen Ergebnis führt.

Beispielfall: **81**

B sieht, wie A den C zu Boden schlägt und wegläuft. B läuft dem A hinterher und stellt ihm ein Bein, um ihn aufzuhalten. Dies ist die einzig sichere Möglichkeit, den flüchtenden A zu stoppen. A stürzt zu Boden und schlägt schmerzhaft mit dem Knie auf. Damit hatte B gerechnet.

A bleibt liegen. B gibt nun dem am Boden Liegenden einen Tritt in den Bauch. Zur Tatzeit weist B eine Blutalkoholkonzentration (BAK) von 3,5 Promille auf. Hat sich B nach § 223 Abs. 1 Alt. 1 StGB strafbar gemacht?

Hinweise:

1. § 127 Abs. 1 Strafprozessordnung (StPO) normiert einen Rechtfertigungsgrund: „Wird jemand auf frischer Tat betroffen oder verfolgt, so ist [...] jedermann befugt, ihn [...] vorläufig festzunehmen."

2. Liegt ein Rechtfertigungsgrund vor, dann entfällt die Rechtswidrigkeit.

3. Bei einer BAK von 3,5 Promille kann von einer Schuldunfähigkeit im Sinne des § 20 StGB ausgegangen werden. In einem solchen Fall entfällt die Schuldhaftigkeit der Handlung.

82

Falllösung:

1. B könnte sich, indem er dem A ein Bein stellte, nach § 223 Abs. 1 Alt. 1 StGB strafbar gemacht haben.

a. Tatbestand

Objektiv misshandelte B den A körperlich (Alt. 1), indem er ihm ein Bein stellte, so dass A schmerzlich mit dem Knie aufschlug.

B erfüllte den Tatbestand auch subjektiv, handelte nämlich vorsätzlich, denn er rechnete damit, dass A stürzen und sich dabei Schmerzen zuziehen würde.

b. Rechtswidrigkeit

B müsste rechtswidrig gehandelt haben. Vorliegend könnte die Rechtswidrigkeit der Handlung aufgrund des Rechtfertigungsgrundes des § 127 Abs. 1 StPO entfallen.

Nach dieser Vorschrift müsste B den A auf frischer Tat betroffen und vorläufig festgenommen haben. A hatte gerade den C zu Boden geschlagen, also eine rechtswidrige Tat begangen (§ 223 Abs. 1 StGB). B betraf den A also auf frischer Tat. Das Beinstellen war eine vorläufige Festnahme, denn es war geeignet zu verhindern, dass A flüchtete. B erfüllte also die objektiven Voraussetzungen des § 127 Abs. 1 StPO.

Wie in subjektiver Hinsicht erforderlich, hatte B auch Kenntnis dieser objektiven Situation und zudem die Absicht, den A festzunehmen.[27]

Die Voraussetzungen des § 127 Abs. 1 StPO liegen also vor, so dass B gerechtfertigt war, also die Rechtswidrigkeit seiner Tat entfällt.

c. Ergebnis: B ist wegen des Beinstellens nicht strafbar nach § 223 Abs. 1 Alt. 1 StGB.

83

2. B könnte sich nach § 223 Abs. 1 StGB strafbar gemacht haben, indem er dem am Boden liegenden A in den Bauch trat.

a. Mit dieser Handlung erfüllte er objektiv und subjektiv den Tatbestand der körperlichen Misshandlung nach § 223 Abs. 1 Alt. 1 StGB.

b. Die Tat war auch rechtswidrig. Insbesondere war B hier nicht nach § 127 Abs. 1 StPO gerechtfertigt, denn nach dieser Vorschrift sind ob-

---

[27] Auch auf der Ebene der Rechtfertigung wird, wie auf Tatbestandsebene, zwischen objektiven und subjektiven Voraussetzungen unterschieden. Dies soll hier aber nicht weiter vertieft werden.

jektiv nur solche Handlungen gerechtfertigt, die zur Festnahme des Betreffenden notwendig sind. A machte aber gar nicht mehr den Versuch, weiter zu fliehen.

c. B müsste auch schuldhaft gehandelt haben. Dies ist fraglich, da B aufgrund seines Alkoholkonsums schuldunfähig nach § 20 Var. 1 StGB gewesen sein könnte. Bei einer BAK von 3,5 Promille, die B's Blut zur Tatzeit aufwies, muss von einer krankhaften seelischen Störung ausgegangen werden, die die Schuldfähigkeit entfallen lässt. B handelte also nicht schuldhaft.

d. Ergebnis: B ist auch wegen des Tritts in A's Bauch nicht strafbar nach § 223 Abs. 1 Alt. 1 StGB.

Der Fall zeigt erstens, dass unbedingt zwischen den beiden Handlungen des B unterschieden werden muss, da sonst die Lösung von vornherein unbrauchbar wird!

Zweitens stellt sich die Frage, wieso bezogen auf erste Handlung des B zur Frage der Schuldhaftigkeit nicht Stellung zu nehmen ist. Schließlich wäre doch der B sowieso nach § 20 StGB schuldunfähig. Antwort: Wenn schon keine rechtswidrige Tat vorliegt, dann gibt es keine Handlung, auf die sich die Schuldfähigkeit beziehen könnte. Eine Prüfung der Schuld hinge also in der Luft, wäre nicht nur überflüssig, sondern ein schwerer systematischer Fehler. (Es handelt sich insofern um eine ähnliche Problematik, wie sie im Verhältnis verschiedener Tatbestandsmerkmale innerhalb einer Norm auftreten kann, vergleiche oben Rn. 29-32) Allenfalls könnten Sie, um zu demonstrieren, dass Sie auch das Problem des § 20 StGB gesehen haben, nach der Erörterung der Rechtswidrigkeit schreiben:

*c. **Überdies** würde, selbst wenn die Tat nicht gerechtfertigt wäre, eine Strafbarkeit wegen der Schuldunfähigkeit des B nach § 20 StGB entfallen.*

Das Wort „überdies" ist hier sozusagen lebenswichtig, damit Sie keinen Zweifel darüber aufkommen lassen, dass Sie den dreistufigen Deliktsaufbau (Tatbestand; Rechtswidrigkeit; Schuld) verstanden haben.

In dem obigen Fall sollte von einer solchen „*überdies*"-Prüfung aber abgesehen werden, da die Frage der Schuldhaftigkeit ohnehin noch geprüft wird, nämlich bezogen auf die zweite Handlung des B. Der Fall ist absichtlich so

84

konstruiert, dass Sie zu allen Problemen des Sachverhalts Stellung nehmen können, ohne „hilfsweise" prüfen zu müssen.

85 Schauen Sie sich drittens einmal die äußere Form des Textes an. Sie soll mit der inneren Struktur Ihres Gutachtens übereinstimmen. Es sollen also bei der Nummerierung die inhaltlichen Hierarchie-Ebenen berücksichtigt werden. Übertreiben Sie dabei aber die Nummerierung nicht, sie ist nicht Selbstzweck, sondern dient der Übersichtlichkeit des Gutachtens. Vermeiden Sie im Übrigen auch folgende weitverbreitete Unarten: Schreiben Sie nicht „0.", auch nicht bei irgendwelchen „Vorprüfungen". Ein „0." gibt es nicht, schreiben Sie stattdessen „1.". Des Weiteren gibt es kein „1." ohne ein „2."; lassen Sie in einem solchen Fall die Nummerierung ganz weg.

86 Viertens wird an diesem Fall deutlich, dass Normensysteme nicht nur innerhalb eines Gesetzbuches existieren, sondern dass auch Verbindungen zwischen den verschiedenen Gesetzbüchern, wie hier zwischen dem StGB und der StPO bestehen. So normiert zum Beispiel auch der zivilrechtliche § 228 S. 1 BGB einen Rechtfertigungsgrund, der die strafrechtliche Rechtswidrigkeit einer Handlung entfallen lässt. Umgekehrt ist der zivilrechtliche Anspruch nach § 823 Abs. 2 BGB gegeben, wenn ein Verstoß gegen eine strafrechtliche Norm vorliegt; hier ist also im Rahmen der zivilrechtlichen Anspruchsprüfung die Erfüllung eines Straftatbestandes zu prüfen. Letztlich bilden sämtliche Normen vom Grundgesetz bis hinunter zu den Verordnungen ein großes hierarchisches Normensystem, das wiederum Verbindungen aufweist zum internationalen, insbesondere zum europäischen Recht.

87 Noch etwas kann man an der obigen Falllösung sehen: Ein brauchbares Gutachten zeichnet sich dadurch aus, dass Schwerpunkte gesetzt werden. Der gegebene Sachverhalt deutet klar darauf hin, dass § 127 Abs. 1 StPO das zentrale Problem des Falles bildet. Wenn Sie hier im Einzelnen erörtern, ob ein Tritt in den Bauch den Tatbestand des § 223 Abs. 1 StGB erfüllt, oder sich zum Beispiel mit dem Problem befassen, ob ein „beschuhter Fuß" ein gefährliches Werkzeug im Sinne von § 224 Abs. 1 Nr. 2 Alt. 2 StGB ist, dann geht Ihr Gutachten an der Sache vorbei.

Was die unproblematischen Teile der Subsumtion angeht, im Beispiel etwa den Tatbestand bezüglich des Trittes, ist es auch legitim und sogar erwünscht, dass man den ungelenken Gutachtenstil auflöst und im Urteilsstil formuliert. Dann weiß der Leser sofort, dass Sie zurecht das Vorliegen des objektiven Tatbestandes für evident halten.

Beachten Sie: Das Gutachten soll den Sachverhalt spiegeln. Im Studium gilt es, die in der Aufgabenstellung gesetzten Schwerpunkte zu rekonstruieren. Aber auch in der Praxis ist dem Mandanten nicht gedient, wenn Sie sich als

Anwalt in Ihren Schriftsätzen mit Nebenkriegsschauplätzen befassen anstatt mit den entscheidenden Fragen des Falles.

4. Verweisungen

Das Beispiel der §§ 11 Abs. 1 Nr. 5 und Nr. 7, 145d StGB (oben Rn. 74-77) zeigte, dass Normen dazu dienen können, andere Normen näher zu bestimmen, indem sie ein bestimmtes Tatbestandsmerkmal derselben definieren. Solche Definitionen per Gesetzesnorm nennt man Legaldefinitionen. Es gibt weitere Typen von Sonderbeziehungen zwischen Rechtsnormen, deren einer hier noch skizziert werden soll: die Verweisung.[28]

88

Unterschieden wird die Rechtsfolgenverweisung, die auf die Rechtsfolge einer anderen Norm verweist, von der Rechtsgrundverweisung, die auf den Rechtsgrund, das heißt den Tatbestand einer anderen Norm verweist. Bei der Rechtsfolgenverweisung sollen die Rechtsfolgen der Norm, auf die verwiesen wird, eintreten, ohne dass es darauf ankommt, ob ihr Tatbestand erfüllt ist. Bei der Rechtsgrundverweisung hingegen muss auch dieser Tatbestand, der „Rechtsgrund", erfüllt sein.

Frage:

Handelt es sich bei der Verweisung des § 255 StGB auf § 249 StGB („gleich einem Räuber") um eine Rechtsgrund- oder eine Rechtsfolgenverweisung?

Antwort:

Der räuberische Erpresser soll bestraft werden wie ein Räuber, es soll also, wenn der Tatbestand des § 255 StGB gegeben ist, die Rechtsfolge des § 249 StGB eintreten. Für die Bestrafung des räuberischen Erpressers nach §§ 255, 249 StGB muss der Täter gerade nicht auch noch Räuber sein. Der Tatbestand der Norm, auf die verwiesen wird, muss also nicht erfüllt sein. Es handelt sich um eine Rechtsfolgenverweisung.

Neben der Verweisung existiert die Sonderbeziehung der Fiktion, wenn nämlich eine Rechtsnorm besagt, dass unter bestimmten Umständen das Vorlie-

89

---

[28] Ausführlich zu den verschiedenen Typen von Ergänzungsnormen *Wank* S. 27-40 sowie *Larenz/ Canaris* S. 78-85.

gen eines Tatbestandsmerkmals einer anderen Norm *fingiert* werden soll, das heißt als gegeben angenommen werden soll, unabhängig davon, ob es tatsächlich vorliegt. Ein Beispiel ist etwa § 57 Abs. 4 StGB, wonach eine durch Anrechnung erledigte Strafe als verbüßt „gilt", obwohl sie es tatsächlich nicht ist. Die Fiktion weist Ähnlichkeiten zur Verweisung auf, es ergeben sich methodisch keine wesentlich andersgearteten Probleme. Auf die weitere Erläuterung möchte ich daher hier verzichten.

90 Zurück also zu den Verweisungen: Es gibt schließlich auch Verweisungen, die teilweise rechtsgrundverweisend sind, wenn nämlich zum Eintritt der Rechtsfolge der Norm, auf die verwiesen wird, zusätzlich zum Tatbestand der Verweisungsnorm auch *Teile* des Tatbestands der Norm erfüllt sein müssen, auf die verwiesen wird. Probieren Sie den Umgang mit einer solchen Verweisung aus an folgendem

91 *Beispielfall:*

A hat sich betrunken (1,7 Promille Blutalkoholkonzentration). Er hält sich zu Unrecht noch für fahrtüchtig (handelt also nicht vorsätzlich, aber fahrlässig) und fährt mit dem Auto von der Kneipe nach Hause. Hat er sich nach § 316 StGB strafbar gemacht?

Hinweise:

1. Beachten Sie § 15 StGB sowie beide Absätze des § 316 StGB.

2. Bei der Prüfung eines Fahrlässigkeitsdelikts wie § 316 Abs. 2 StGB erscheint der objektive Aspekt der Fahrlässigkeit als „objektive Sorgfaltspflichtverletzung" dort, wo beim vorsätzlichen Delikt der Vorsatz geprüft wird. Den subjektiven Aspekt der Fahrlässigkeit, die „subjektive Sorgfaltspflichtverletzung", prüft man im Rahmen des Prüfungspunktes Schuld. Auf genauere Einzelheiten der Prüfung des Fahrlässigkeitsdeliktes soll es hier nicht ankommen.

3. Eine Blutalkoholkonzentration von 1,7 Promille führt zwingend zur absoluten Fahruntüchtigkeit. Die Schuldfähigkeit (vergleiche § 20 StGB) beeinträchtigt sie aber (im Regelfall) noch nicht.

92 *Falllösung:*

1. A könnte sich, indem er mit dem Auto nach Hause fuhr, nach § 316 Abs. 1 StGB strafbar gemacht haben.

a. Er müsste hierzu objektiv ein Fahrzeug im Verkehr geführt haben, obwohl er zu einem sicheren Führen aufgrund Alkoholgenusses nicht mehr in der Lage war. A fuhr mit dem Auto von der Kneipe nach Hause, führte also ein Fahrzeug im Verkehr. Er wies zur Tatzeit eine BAK von 1,7 Promille auf, war also absolut fahruntüchtig, also zu einem sicheren Führen des Fahrzeugs nicht mehr in der Lage. Er erfüllte also den objektiven Tatbestand.

b. A müsste zur Erfüllung des subjektiven Tatbestandes vorsätzlich gehandelt haben, also wissentlich und willentlich. A erkannte aber nicht, dass er fahruntüchtig war, er hielt sich vielmehr noch für fahrtüchtig. Er handelte also nicht vorsätzlich, erfüllte also den subjektiven Tatbestand nicht. A hat sich somit nicht nach § 316 Abs. 1 StGB strafbar gemacht.

2. Es kommt aber eine Strafbarkeit nach § 316 Abs. 2 StGB in Betracht.   **93**

a. Tatbestand

A führte im Straßenverkehr ein Fahrzeug, obwohl er zu einem sicheren Führen aufgrund Alkoholgenusses nicht in der Lage war (s.o.). A handelte auch objektiv fahrlässig, denn es ist objektiv sorgfaltswidrig, nach erheblichem Alkoholgenuss noch ein Fahrzeug zu führen, und dies ist objektiv auch erkennbar. A erfüllte also den Tatbestand des § 316 Abs. 2 StGB.

b. A handelte rechtswidrig.

c. A handelte auch schuldhaft, insbesondere auch subjektiv sorgfaltswidrig, da er persönlich in der Lage war, die Tat nicht auszuführen, und auch persönlich hätte erkennen können, dass er nicht mehr fahrtüchtig, die Handlung also objektiv sorgfaltswidrig war.

d. A hat sich somit strafbar nach § 316 Abs. 2 StGB gemacht.

Hier soll, wie gesagt, nicht der Prüfungsaufbau des Fahrlässigkeitsdelikts im   **94**
Mittelpunkt stehen, sondern der Verweisungscharakter des § 316
Abs. 2 StGB und dessen Folgen für den Prüfungsaufbau: § 316 Abs. 2 StGB
verweist hinsichtlich seiner Rechtsfolgen auf die des Abs. 1 (strenggenommen müsste daher im Ergebnissatz auch Abs. 1 stehen, der allerdings weggelassen wird, weil die Verweisung hier innerhalb eines Paragrafen erfolgt.
§ 249 StGB dagegen ist zu § 255 StGB immer hinzuzuzitieren).

§ 316 Abs. 2 StGB verweist aber auch auf den Tatbestand des Abs. 1 („die
Tat", gemeint ist nämlich die Tat nach Abs. 1), wobei auf das – ungeschrie-

bene (hierzu § 15 StGB) – Merkmal der Vorsätzlichkeit verzichtet wird und an dessen Stelle die nach Abs. 2 erforderliche Fahrlässigkeit tritt. Abs. 2 verweist also auf einen Teil des Tatbestandes des Absatzes 1, ist also teilweise rechtsgrundverweisend. Dies wurde im Gutachten berücksichtigt, indem im Rahmen der Prüfung des Absatzes 2 auf die bereits durchgeführte Prüfung zum Tatbestand des Absatzes 1 verwiesen wurde („s.o.").

5. Speziellere und allgemeinere Normen

95   Man kann ein weiteres Grundprinzip für die Beziehungen der Normen untereinander formulieren: Die speziellere ist der allgemeineren Norm vorrangig (auch dieses Prinzip gilt ebenso auf der Ebene verschiedener Tatbestandsmerkmale einer Norm, hierzu oben Rn. 35-38). Wenn der Gesetzgeber für einen Spezialfall eine Sonderregel normiert, muss diese angewandt werden und nicht die allgemeinere Norm. Im Zivilrecht verdrängen zum Beispiel die spezielleren Normen des Handelsgesetzbuches, die, grob gesagt, für Kaufleute gelten, die allgemeineren Normen des BGB. Im Staatsrecht zum Beispiel verdrängt der spezielle Gleichheitssatz des Art. 33 Abs. 1 GG den allgemeinen Gleichheitssatz, Art. 3 Abs. 1 GG.

Im Strafrecht hat sich eine komplizierte Lehre herausgebildet, auf welche Weise die einzelnen Normen des BT miteinander konkurrieren, das heißt, ob und wie die Anwendung der einen Norm die einer anderen ausschließt.

96   *Frage:*

*Würden Sie für den Fall, dass A den B erstochen hat, § 212 Abs. 1 StGB **und** § 223 Abs. 1 StGB prüfen?*

Antwort:

Zwar erfüllt das Erstechen auch den Tatbestand der Körperverletzung. Aber § 212 Abs. 1 StGB ist hier die speziellere Norm. Da deren Tatbestand erfüllt ist, ist § 223 Abs. 1 StGB im Gutachten nicht zu prüfen – und nicht einmal anzusprechen.

Man sagt, dass § 223 Abs. 1 StGB zu § 212 Abs. 1 StGB im Verhältnis der **materiellen Subsidiarität** steht, da beide Normen dasselbe Rechtsgut (körperliche Unversehrtheit) schützen, wobei § 212 Abs. 1 StGB den gravierenderen Eingriff normiert, also spezieller ist.

Das Gegenstück zur materiellen ist die **formelle Subsidiarität**. Sie besteht,   **97**
wenn die Anwendung des einen Gesetzes explizit ausgeschlossen ist für den
Fall, dass die Rechtsfolge eines anderen Gesetzes eintritt.

Frage:

*Würden Sie in dem Fall, dass B sein Haus angezündet und erfolgreich
seine Feuerversicherung um die Versicherungssumme betrogen hat (Erfüllung des Tatbestandes des § 263 Abs. 1, Abs. 3 S. 2 Nr. 5 StGB), seine
Strafbarkeit nach § 265 Abs. 1 StGB prüfen?*

Antwort:

*§ 265 Abs. 1 a. E. (= am Ende) StGB besagt, dass diese Norm formell
subsidiär bezüglich § 263 StGB ist, so dass sich eine Anwendung ver-
bietet. Man sollte aber im Gutachten deutlich machen, dass man die Vorschrift des § 265 StGB und das Konkurrenzverhältnis kennt, und daher
nach der Prüfung des § 263 StGB (= „1.") schreiben:*

*2. Eine Strafbarkeit nach § 265 Abs. 1 StGB entfällt aufgrund formeller
Subsidiarität.*

Neben der Subsidiarität gibt es den Typus der **Spezialität**. Sie besteht, wenn   **98**
alle Tatbestandsmerkmale einer Norm explizit in der spezielleren enthalten
sind und dort weitere Tatbestandsmerkmale hinzutreten.

Frage:

*Steht § 249 Abs. 1 StGB zu § 242 Abs. 1 StGB im Verhältnis der Spezia-
lität?*

Antwort:

*§ 249 Abs. 1 StGB nennt als Voraussetzungen die Wegnahme einer frem-
den beweglichen Sache und die Absicht der rechtswidrigen Zueignung,
er umfasst also den gesamten Tatbestand des § 242 Abs. 1 StGB. Hinzu
tritt das Erfordernis der Gewalt oder Drohung. § 249 Abs. 1 StGB steht
also zu § 242 Abs. 1 StGB im Verhältnis der Spezialität.*

99   Dass die speziellere Norm der allgemeineren vorgeht, bedeutet für die gut-
achterliche Prüfung grundsätzlich, dass zunächst die speziellere Norm zu
prüfen ist und dass, wenn deren Tatbestandsvoraussetzungen vorliegen, auf
die Prüfung der allgemeineren Norm verzichtet werden muss (wie dies für die
Fälle der Subsidiarität oben ausgeführt wurde).

Im Falle der Spezialität kann es aber unter Umständen gutachtentechnisch
sinnvoller oder jedenfalls eleganter sein, zuerst die allgemeinere Norm zu
prüfen, und dann erst die speziellere, nämlich dann, wenn man (in den Vorüberlegungen) zu dem Ergebnis kommt, dass die zusätzlichen Tatbestandsvoraussetzungen der spezielleren Norm *nicht* erfüllt sind. Die Prüfung erst
der allgemeineren Norm ist im Aufbau nicht logisch falsch, da deren Tatbestandsmerkmale alle in der spezielleren enthalten sind (anders als im Fall der
Subsidiarität), so dass sie ohnehin zu prüfen wären, selbst wenn auch die
zusätzlichen Tatbestandsvoraussetzungen der spezielleren Norm erfüllt wären. Der Vorteil dieser Prüfungsreihenfolge besteht darin, dass man zunächst
das Vorliegen des Tatbestandes der allgemeineren Norm feststellt, so dass
man dieses Ergebnis nicht, nachdem die Prüfung der spezielleren Norm ne-
gativ verlaufen ist, aus diesem negativen Ergebnis mühsam herauskristallisie-
ren muss.

100   *Beispielfall:*

*A zieht heimlich dem B den Geldbeutel von hinten aus der Tasche und
steckt ihn in seine eigene, um ihn für sich zu behalten. Dann gibt er dem
B einen Schlag auf den Hinterkopf. Prüfen Sie die Strafbarkeit des A
nach §§ 242 Abs. 1, 249 Abs. 1 StGB (also nicht § 223 Abs. 1 StGB).*

Hinweise:

*1. Die Absicht rechtswidriger Zueignung ist ein gesonderter Prüfungs-
punkt im Rahmen der Prüfung des subjektiven Tatbestandes, nach der
Prüfung des Vorsatzes. Halten Sie sich mit dieser Frage aber nicht lange
auf, sondern konzentrieren Sie sich auf das Verhältnis §§ 242, 249 StGB.*

*2. Ein Raub liegt nicht vor, wenn (wie im Beispielfall), die Gewalt erst
nach Vollendung der Wegnahme ausgeübt wird. Der Raub erfordert
nämlich, dass die Gewaltanwendung der Wegnahme dient.*

101   *Falllösung*

*1. A könnte sich, indem er dem B den Geldbeutel aus der Tasche zog,
nach § 242 Abs. 1 StGB strafbar gemacht haben.*

a. Tatbestand

A erfüllte den objektiven Tatbestand, denn indem er dem B dessen Geldbeutel aus der Tasche zog und ihn in seine eigene Tasche steckte, nahm er eine fremde bewegliche Sache weg.

Er erfüllte auch den subjektiven Tatbestand, denn er handelte vorsätzlich und in der Absicht rechtswidriger Zueignung, wollte nämlich den Geldbeutel für sich behalten.

b. A handelte auch rechtswidrig und schuldhaft und hat sich entsprechend strafbar gemacht.

2. A könnte sich darüber hinaus, indem er den Geldbeutel wegnahm und dann den B auf den Hinterkopf schlug, nach § 249 Abs. 1 StGB strafbar gemacht haben. **102**

a. Tatbestand

Objektiv müsste er mit Gewalt gegen eine fremde Person die Sache weggenommen haben. Die Wegnahme einer fremden beweglichen Sache liegt vor (s.o.).[29] *A übte auch Gewalt, indem er dem B auf den Hinterkopf schlug. Allerdings erfolgte diese Gewalt nach vollendeter Wegnahme, diente also nicht mehr der Wegnahme, wie dies § 249 Abs. 1 StGB erfordert. Der Tatbestand dieser Norm ist also schon objektiv nicht gegeben.*

b. A hat sich nicht nach § 249 Abs. 1 StGB strafbar gemacht.

Mit diesen exemplarischen Ausführungen ist die strafrechtliche Konkurrenzlehre keineswegs erschöpfend erörtert,[30] soll aber auch nicht weiter Thema sein. Hier ging es lediglich darum zu skizzieren, welche Konsequenzen sich für den gutachterlichen Prüfungsaufbau aus den Sonderbeziehungen der Normen zueinander ergeben können. Auch im Zivilrecht und Öffentlichen Recht sollten Sie bei diesen systematischen Fragen keine Schwächen zeigen, sie sind viel weniger verzeihlich als inhaltliche Irritationen. **103**

---

[29] Es wäre hier überflüssig, also falsch, die Voraussetzungen der Wegnahme nochmals zu prüfen. Mit dem Verweis nach oben zeigen Sie außerdem deutlich an, dass Ihnen das Spezialitätsverhältnis des § 249 StGB zu § 242 StGB bewusst ist.

[30] Insbesondere das wichtige Verhältnis von Grundtatbestand und Qualifikation, ein Sonderfall der Spezialität, wurde hier nicht thematisiert. Zum Ganzen *Tröndle/ Fischer* Vor § 52 Rn. 1 ff., insbesondere Rn. 17 ff.

Kapitel 4: Erörterung juristischer Streitfragen

1. Das bewertende Element juristischer Entscheidungen

In Kapitel 1 wurden die Struktur des Rechtssatzes und Grundprinzipien der **104** Subsumtion des Sachverhalts unter die Rechtsnorm erörtert, in Kapitel 2 die notwendigen Vorarbeiten zur Subsumtion sowie Stilfragen, in Kapitel 3 wurde gezeigt, wie sich die äußere Systematik der Normen auf ihre Anwendung auswirkt.

Dabei wurden bisher weitgehend solche Probleme erörtert, die der Überprüfung ihrer logischen Richtigkeit zugänglich waren: Wer den Eintritt der Rechtsfolge einer Norm bejaht, obwohl eine Tatbestandsvoraussetzung der Norm nicht gegeben ist, handelt logisch falsch. Wer die äußerlich-systematischen Bezüge einer Norm zu einer anderen nicht beachtet, wer zum Beispiel außer Acht lässt, dass § 249 Abs. 1 StGB als spezielleres Gesetz dem § 242 Abs. 1 StGB vorgeht, handelt ebenfalls logisch falsch.

Neben die Fähigkeit, formal-logisch richtig zu argumentieren, muss aber **105** beim Juristen auch die Fähigkeit treten, den Sachverhalt richtig zu *beurteilen:* Die eigentlichen juristischen Probleme stellen sich im Bereich der *Wertung*. Zum Beispiel muss der Jurist im Rahmen der Subsumtion entscheiden, ob jemand, der den Kopf eines anderen gegen eine Hauswand stößt, diese Wand als gefährliches Werkzeug im Sinne von § 224 Abs. 1 Nr. 1 StGB einsetzt. Dies ist keine Frage der Logik, sondern eben eine der Bewertung, und es gibt nicht nur *eine* logisch richtige Auffassung hierzu, sondern man kann die eine oder die andere Auffassung vertreten.

Die volle logische Überprüfung der wertungsmäßigen Richtigkeit von Entscheidungen ist also nicht möglich. Möglich ist es aber, die Werturteile bis zu einem gewissen Grade nachvollziehbar und überprüfbar zu machen, indem man bestimmte Argumentationsmuster anwendet. Diese Argumentationsmuster bilden den Kern der juristischen Methodenlehre, nämlich die Lehre von der Auslegung der Normen. Diese wird im Folgenden skizziert.

2. Die Grundstruktur der juristischen Problemerörterung

Ein juristisches Problem besteht dann, wenn umstritten ist, ob ein bestimmter **106** Sachverhalt ein bestimmtes Tatbestandsmerkmal erfüllt oder nicht. Zum Beispiel ist umstritten, ob eine Hauswand, gegen die der Täter A den Kopf des Opfers B schlägt, ein gefährliches Werkzeug im Sinne von § 224 Nr. 2

Alt. 2 StGB sein kann.[31] Versuchen Sie, gutachterlich diese Frage zu beantworten. Bejahen Sie sie im Ergebnis und gehen Sie dabei in folgenden Schritten vor:

1. Formulierung der konkreten Fallfrage

   „Wand, gegen die A den B stößt, Werkzeug?"

2. Formulierung der abstrakten Streitfrage

   „Wand überhaupt Werkzeug?"

3. Darstellung der später abgelehnten Auffassung (Konjunktiv)

   „Wand niemals Werkzeug."

4. Argumentation für diese Auffassung (Konjunktiv)

   Argumentieren Sie, dass nach dem herkömmlichen Begriffsverständnis das Werkzeug ein Gegenstand ist, der vom Täter geführt wird, also notwendig ein beweglicher Gegenstand.

5. Konsequenz dieser Auffassung für den konkreten Fall (Konjunktiv),

   „Wand konkret kein Werkzeug."

6. Gegenargumente, also die der gegenteiligen Auffassung (Indikativ)

   Argumentieren Sie, dass es unerheblich sein muss, ob der Täter das Werkzeug gegen das Opfer oder das Opfer gegen das Werkzeug führt.

7. Darstellung der gegenteiligen Auffassung

   „Wand also prinzipiell mögliches Werkzeug."

8. Konsequenz für den Fall = Ergebnis der Problemerörterung

   „Wand, gegen die A den B stieß, ist Werkzeug."

107   *Falllösung*

(1) Zu prüfen ist, ob die Wand, wenn A den Kopf des B gegen diese stößt, ein Werkzeug im Sinne von § 224 Nr. 2 Alt. 2 StGB ist.

(2) Fraglich ist, ob eine Wand überhaupt Werkzeug sein kann. (3) Dies könnte man ablehnen (4) mit dem Argument, dass nach dem herkömmlichen Begriff Werkzeuge nur solche Gegenstände sind, die der Täter gegen das Opfer führt, dass also nur bewegliche Gegenstände in Betracht

---

[31] Näheres bei *Tröndle/ Fischer* § 224 Rn. 8.

kommen. (5) Danach wäre also die Wand, gegen die der A den B stieß, kein gefährliches Werkzeug.

(6) Dieser Auffassung ist allerdings entgegenzuhalten, dass es keinen Unterschied machen kann, ob der Täter das Werkzeug gegen das Opfer führt oder das Opfer gegen das Werkzeug. (7) Es können vielmehr auch unbewegliche Gegenstände Werkzeug im Sinne des § 224 Nr. 2 Alt. 2 StGB sein, also auch eine Wand.

(8) Die Wand, gegen die der A den B stieß, war also ein Werkzeug im Sinne von § 224 Nr. 2 Alt. 2 StGB.

Unerlässlich für die gelungene Erörterung einer Streitfrage ist zu erklären, **108** was überhaupt streitig ist und welches Ergebnis für den konkreten Fall aus den verschiedenen Auffassungen resultiert. Fehlt dieses Inbezugsetzen der abstrakten Streitfrage mit dem konkreten Fall, dann hängt die Diskussion sozusagen in der Luft.

Die oben vorgegebene Reihenfolge der Schritte ist hingegen nicht zwingend. Meines Erachtens erleichtert es Ihnen aber die Erörterung juristischer Streitfragen, wenn Sie sich zumindest anfangs an das oben gegebene Schema halten. Es hat den Vorteil, dass Sie Wiederholungen vermeiden (was leicht passieren kann, wenn Sie erst beide möglichen Auffassungen darstellen und dann begründen, warum Sie der einen der beiden folgen). Und indem Sie zuerst diejenige Auffassung darstellen, die Sie später ablehnen, erzeugen Sie einen gewissen Spannungsbogen.

Sie können in dem obigen Beispielfall natürlich auch die gegenteilige Auffassung vertreten. Juristische Streitfragen zeichnen sich gerade dadurch aus, dass über ihr Ergebnis Streit herrscht, dass also nicht nur *ein* richtiges Ergebnis existiert. Die Qualität Ihres Gutachtens bemisst sich gerade nicht nach einem bestimmtem Ergebnis, sondern danach, ob Sie Ihr Ergebnis gut begründet haben.

3. Argumente allgemeiner Natur

Sehen Sie sich nochmals das obige Beispiel an, insbesondere die Argumente, **109** die für die eine und die andere Auffassung genannt werden. Diese Argumente – und das ist wesentlich für eine gelungene Begründung – sind allgemeiner Natur, sie führen weg vom konkreten Fall und bieten allgemeine Kriterien, wie die betreffende Norm auszulegen ist. So ist der Gedanke, der Werkzeugbegriff des § 224 Nr. 2 Alt. 2 StGB setze Beweglichkeit voraus, ein allgemeines Kriterium, mit dessen Hilfe für eine Vielzahl von Sachverhalten entschieden werden kann, ob sie den Tatbestand der Gefährlichen Körperverletzung erfüllen oder nicht.

Erst mittels eines solchen allgemeinen Arguments wird Ihre Entscheidung wertungsmäßig nachprüfbar. Sollte sich nämlich herausstellen, dass Ihr Kriterium für eine Vielzahl anderer Sachverhalte völlig unbrauchbar ist, dann wird auf diese Weise Ihre Entscheidung angreifbar. Sollte sich hingegen zeigen, dass für die allermeisten Fälle Ihr Unterscheidungskriterium zu sinnvollen Ergebnissen führt, dann spricht das für die „Richtigkeit" Ihrer Argumentation.

110 Versuchen Sie, ein abstraktes Entscheidungskriterium zu finden für die Frage, ob der A, wenn er dem B die Luft aus dessen Fahrradreifen lässt, den Tatbestand des § 303 Abs. 1 Alt. 1 StGB erfüllt.

Lösung:

Abstraktes Entscheidungskriterium könnte hier sein, ob die Erfüllung des Tatbestandes der Sachbeschädigung eine Substanzverletzung erfordert oder ob es ausreicht, dass die Funktionsfähigkeit der Sache beeinträchtigt wird.[32]

111 Erörtern Sie mit Hilfe dieses Gesichtspunktes folgenden

Beispielfall:

Student A lässt die Luft aus dem Fahrradreifen des Studenten B, so dass dieser drei Kilometer von der Uni nach Hause schieben muss. Hat A eine Sache beschädigt im Sinne von § 303 Abs. 1 Alt. 1 StGB?

Falllösung:

(1) Fraglich ist, ob A, indem er die Luft aus dem Fahrradreifen des B ließ, eine Sache beschädigte.

(2) Dazu müsste das Luftablassen aus einem Fahrzeug überhaupt den Tatbestand der Sachbeschädigung erfüllen können. (3) Man müsste dies verneinen, (4) ginge man davon aus, dass eine Beschädigung die Verlet-

---

[32] Näheres bei *Tröndle/ Fischer* § 303 Rn. 6.

zung der Substanz der betreffenden Sache voraussetzt. (5) Dann wäre eine Beschädigung vorliegend nicht gegeben.

(6) Jedoch ist eine solch enge Auslegung des Begriffs Beschädigung nicht zwingend. Vielmehr liegt auch dann eine Beschädigung vor, wenn zwar die Substanz der Sache nicht verletzt, jedoch deren Funktionsfähigkeit beeinträchtigt ist. (7) Auch das Ablassen der Luft aus einem Fahrzeugreifen kann also eine Sachbeschädigung sein.

(8) A hat also eine Sache beschädigt.

Im Beispiel wäre es falsch, wenn Sie Ihre allgemeine Behauptung, es komme auf die Funktionsfähigkeit der Sache an, mit dem Hinweis auf die konkrete Situation belegen wollten, dass nämlich der B drei Kilometer schieben musste. Dies wäre ein Zirkelschluss, denn Sie würden die Maßgeblichkeit des allgemeinen Kriteriums (Funktionsfähigkeit) mit der konkreten Situation (missliche Lage des B) begründen und zugleich als Begründung zur Bewertung der konkreten Situation (gegebene Sachbeschädigung) heranziehen. Achten Sie also darauf, die abstrakte und die konkrete Argumentationsebene gedanklich sauber zu trennen.[33] **112**

4. Die Lehre von der Auslegung der Normen

a. Wann ist eine Norm auszulegen? – Die Theorie der Wortsinngrenze

Nachdem wir uns die Grundstruktur juristischer Problemerörterungen angesehen haben, treten wir einen Schritt zurück: Wann ist solch eine Erörterung eigentlich durchzuführen? Wann muss eine Norm beziehungsweise ein bestimmtes Tatbestandsmerkmal ausgelegt werden? **113**

Subsumiert man einen bestimmten Sachverhalt unter eine bestimmte Norm, so sind manche Tatbestandsmerkmale offensichtlich gegeben, andere offensichtlich nicht. Wenn zum Beispiel A den B mit einem Messer ersticht, dann ist B ohne Zweifel „ein anderer", also taugliches Tatobjekt im Sinne von § 212 Abs. 1 StGB, und er ist gleichzeitig ohne Zweifel keine Sache, also

---

[33] In studentischen Hausarbeiten findet man zuweilen – unzulässige – „Konkretzitate" (wenn zum Beispiel die konkrete Aussage, dass A eine Sachbeschädigung beging, durch einen Fußnotenverweis auf *Tröndle/ Fischer* § 303 Rn. 6 abgesichert wird, wo natürlich von A und dem konkreten Fall nicht die Rede ist). Es handelt sich hier um denselben strukturellen Fehler, nämlich die Vermischung der allgemeinen und konkreten Argumentationsebene.

kein taugliches Tatobjekt im Sinne von § 303 Abs. 1 StGB (hier kommt also wieder der Aspekt der Evidenz ins Spiel, vergleiche bereits oben Rn. 24 f.!).

114 In solchen Fällen wird gesagt, es bestehe kein Raum, aber auch kein Bedürfnis zur näheren Auslegung der Norm, da ihr Wortlaut eindeutig sei. Diese Formulierung ist missverständlich, denn abgesehen davon, dass ein eindeutiger Wortlaut die allerseltenste Ausnahme ist (allenfalls könnte man Zahlwörter als eindeutig bezeichnen), kommt es hierauf für die Frage, ob eine Auslegung des Tatbestandsmerkmals notwendig ist, gar nicht an. Sondern es kommt darauf an, ob fraglich oder aber eindeutig ist, ob ein bestimmter Sachverhalt, den es zu subsumieren gilt, ein bestimmtes Tatbestandsmerkmal erfüllt oder nicht.[34]

Wie etwa das Tatbestandsmerkmal „Sache" im Tatbestand des § 242 Abs. 1 StGB im Einzelnen auszulegen ist, muss nicht bestimmt werden, wenn A dem B dessen Brieftasche entwendet. Denn dass eine Brieftasche eine Sache ist, steht außer Frage. Wenn A dagegen die Stromleitung des B anzapft, dann muss man sich fragen, ob Strom eine Sache ist, was nicht auf den ersten Blick ausgeschlossen werden kann. Ob dieses Tatbestandsmerkmal vorliegt, ist dann also zunächst zweifelhaft. Um hier zu einem Ergebnis zu kommen, muss man den Sachbegriff näher bestimmen, also auslegen. Ob eine nähere Auslegung zu erfolgen hat, bestimmt sich also, wie gesagt, nicht danach, ob der Wortlaut der Norm an sich eindeutig ist, sondern nach dem jeweiligen Sachverhalt, der subsumiert werden soll. Welche Tatbestandsmerkmale sind im folgenden Fall Ihrer Ansicht nach näher auszulegen und welche nicht? Wie wirkt sich das für den Aufbau des Gutachtens aus?

115 *Beispielfall:*

A schüttet Benzin in das Treppenhaus von B's Villa und zündet das Benzin an. Die Steintreppe fängt aber kein Feuer. Allerdings wird die Löschanlage aktiviert, und das versprühte Wasser beschädigt die Tapeten an den Wänden. Hat A den Tatbestand des § 306 Abs. 1 Nr. 1 Alt. 1 (Gebäude) StGB erfüllt?

---

[34] Auch der Begriff der Auslegung wird, davon abgesehen, durch diese Formulierung meines Erachtens in ein schiefes Licht gerückt. Ihr liegt ein zu enger Begriff von Auslegung zugrunde, der nämlich suggeriert, dass die Feststellung, der B sei ein anderer im Sinne von § 212 Abs. 1 StGB, eine rein formale Frage sei, ohne dass es hier eines Urteils bedürfe. Letzteres ist aber unzutreffend, da auch diese Aussage einen kreativen Erkenntnisprozess voraussetzt. Hierbei handelt es sich aber letztlich nur um eine terminologische (begriffliche) Frage. Ich verwende im Folgenden den Begriff der Auslegung im allgemein üblichen, also meines Erachtens nicht ganz korrekten Sinne.

Lösung (Vorüberlegung, die nicht Teil des Gutachtens ist):
Die Tatbestandsmerkmale „Gebäude" und „fremd" sind unstrittig er-
füllt. Unstrittig ist auch, dass A das Gebäude nicht „in Brand gesetzt"
hat, denn dafür wäre nach allgemeiner Auffassung erforderlich, dass
Gebäudeteile selbständig brennen. Zweifelhaft ist, ob A „durch eine
Brandlegung teilweise zerstört" hat, denn es herrscht Streit darüber, ob
die Zerstörung durch Löschvorrichtungen eine Zerstörung durch
Brandlegung sein kann.[35]

Konsequenz für das Gutachten: Das Vorliegen der Tatbestandsmerkmale
„Gebäude" und „fremd" und das Nichtvorliegen des „In-Brand-Set-
zens" sind kurz festzustellen. Dagegen ist ausführlich zu problematisie-
ren, ob A das Gebäude „durch Brandlegung teilweise zerstört" hat.

Man versucht diese Frage, ob die Subsumtion eines bestimmten Sachverhalts **116**
unter eine bestimmte Norm zweifelhaft ist, ob also näher auszulegen ist oder
nicht, begrifflich zu erfassen mittels der Lehre von der sogenannten Wortsinngrenze:[36] Danach ist die Subsumtion zweifelhaft, also eine Auslegung der
Norm notwendig, wenn der Sachverhalt innerhalb der möglichen Wortsinngrenze des Tatbestandsmerkmals liegt, wenn also dem normalen Verständnis
des Begriffs nach nicht rundweg abzulehnen ist, dass der Sachverhalt unter
diesen Begriff subsumierbar ist, und wenn gleichzeitig nicht von vornherein
evident ist, dass der Sachverhalt das Tatbestandsmerkmal erfüllt. Eine Auslegung ist also dann möglich und erforderlich, wenn der Sachverhalt sich weder
im Kern des Begriffsbereichs noch deutlich außerhalb des Begriffsbereichs,
sondern am Rand, im Hof des Begriffsbereichs befindet.

b. Die systematische, historische und teleologische Argumentation

Steht im Hinblick auf die Grenze des möglichen Wortsinns fest, dass eine **117**
Auslegung möglich und notwendig ist, dann muss man Argumente für und
gegen die beiden Auslegungsmöglichkeiten suchen, nämlich dafür oder dagegen, dass das Tatbestandsmerkmal so auszulegen ist, dass der Sachverhalt
darunter zu subsumieren ist. Man unterscheidet dabei die systematische, die
historische und die teleologische Argumentation. Diese drei sollen im Folgenden kurz skizziert werden.[37]

---

[35] Näheres zu diesem materiell-rechtlichen Problem bei *Tröndle/ Fischer* § 306 Rn. 15.
[36] Etwa *Larenz/ Canaris* S. 141-145.
[37] Ausführlich *Larenz/ Canaris* S. 145-167.

118   Die **systematische Argumentation** orientiert sich an der Systematik der Normen.[38] Mit etwas Übung sind Sie selbst in der Lage, systematisch zu argumentieren. Formulieren Sie ein systematisches Argument gegen die Behauptung, Strom sei eine Sache im Sinne von § 242 Abs. 1 StGB! Überfliegen Sie dazu den gesamten „19. Abschnitt. Diebstahl und Unterschlagung".

Lösung:

Wenn Strom eine Sache wäre, wäre § 248c StGB überflüssig. Denn dann würden die Handlungen, die den Tatbestand dieser Norm erfüllen, ohnehin schon den Tatbestand des § 242 Abs. 1 StGB erfüllen. Nach der Systematik der Normen des 19. Abschnittes kann Strom also keine Sache sein.

119   **Historische Argumentation** bedeutet, dass geschichtliche Fakten zum Verständnis einer Norm herangezogen werden, insbesondere die Frage, unter welchen Umständen und aufgrund welcher Motive die Norm erlassen wurde. So ergibt sich zum Beispiel aus den Alternativentwürfen zum heutigen § 22 StGB, dass der Gesetzgeber hier auf die Kombination eines objektiven („zur Verwirklichung des Tatbestandes unmittelbar ansetzen") mit einem subjektiven Element („nach seiner Vorstellung") Wert legte.[39]

Man erwartet von Ihnen in der Regel nicht, dass Sie historische Argumente in der Klausur parat haben. Für die Hausarbeit finden Sie solche Argumente in der Literatur.

120   Die **teleologische Argumentation** ist die Argumentation mit dem Zweck der Vorschrift (griech. *telos* = das Ziel). Was ist der Zweck einer Vorschrift? Grundsätzlich unterscheidet man den Zweck, den der jeweilige Gesetzgeber mit dem Erlass der Norm erreichen wollte, bezeichnet als subjektiver Zweck, von dem Zweck, den die Norm, sozusagen in einem eigendynamischen Prozess seit ihrem Inkrafttreten, erhalten hat – bezeichnet als objektiver Zweck.[40]

---

[38]   Die systematische Auslegung wird hier nur kurz skizziert. Zu der Frage, wann und wie eine systematischen Auslegung durchzuführen ist und welche Arten man unterscheiden kann, existieren weiterführende umfangreiche Überlegungen, siehe *Wank* S. 79-90 mit weiteren Nachweisen.

[39]   Beispiel nach *Wank* S. 92, dort S. 91-95 finden sich auch nähere Ausführungen zur Lehre von der historischen Auslegung.

[40]   Näheres bei *Wank* S. 97-102.

In der praktischen Fallbearbeitung kommt es auf diese Unterscheidung selten an, da der objektive und der subjektive Zweck meist zusammenfallen. Auch wird von Ihnen in der Regel nicht erwartet, dass Sie auswendig wissen, welchen Zweck der historische Gesetzgeber mit dem Erlass der Norm verfolgte.

Es wird aber von Ihnen erwartet, dass Sie zum objektiven Zweck einer Norm **121** selbständig Stellung nehmen können. Was ist Ihrer Auffassung nach der Zweck des § 224 StGB?

Lösung:

Zweck des § 224 StGB ist es, eine im Verhältnis zu § 223 StGB strengere Strafe für besonders gefährliche Arten der Körperverletzung zu bestimmen, um die potentiellen Täter von solchen Körperverletzungen abzuhalten. Dass die besondere Gefährlichkeit der Grund für die Strafdrohung sein soll, ergibt sich schon aus der Überschrift der Norm: „Gefährliche Körperverletzung".

Sie sehen: Das ist kein Hexenwerk! Vergegenwärtigen Sie sich noch einmal die Fragestellung, ob der A, indem er den Kopf des B gegen eine Wand stößt, die Wand als gefährliches Werkzeug nach § 224 Nr. 2 Alt. 2 StGB einsetzt (oben Rn. 106-108). Es wurde argumentiert, dass die Beweglichkeit eines Gegenstandes nicht Voraussetzung ist für seine Werkzeugqualität. Genau genommen war das nur eine bloße Behauptung, die noch der argumentativen Stützung bedurfte. Sind Sie in der Lage, diese Streitfrage nochmals auszuführen, indem Sie sich auf den Zweck der Vorschrift stützen?

Falllösung: **122**

Zu prüfen ist, ob die Wand, gegen die der A den Kopf des B stieß, ein gefährliches Werkzeug im Sinne von § 224 Nr. 2 Alt. 2 StGB war.

Fraglich ist, ob eine Wand überhaupt Werkzeug sein kann. Dies könnte man ablehnen mit dem Argument, dass nach dem herkömmlichen Begriff Werkzeuge nur solche Gegenstände sind, die der Täter gegen das Opfer führt, dass also nur bewegliche Gegenstände in Betracht kommen. Danach wäre also die Wand, gegen die der A den B stieß, kein gefährliches Werkzeug.

*Dieser Auffassung ist allerdings entgegenzuhalten, dass es keinen Unterschied machen kann, ob der Täter das Werkzeug gegen das Opfer führt oder das Opfer gegen das Werkzeug. **Dies ergibt sich aus dem Zweck*** *der Vorschrift: Es sollen Körperverletzungen besonders scharf sanktioniert werden, die besonders gefährlich sind. Für die besondere Gefährlichkeit kommt es aber nicht darauf an, ob das Werkzeug gegen den Täter oder der Täter gegen das Werkzeug geführt wird, sondern allein darauf, ob der Gegenstand seiner konkreten Verwendung nach geeignet ist, besonders gravierende Verletzungen herbeizuführen.* Es können also auch unbewegliche Gegenstände Werkzeug im Sinne des § 224 Nr. 2 Alt. 2 StGB sein, also auch eine Wand.

Die Wand, gegen die der A den B stieß, war also ein Werkzeug im Sinne von § 224 Nr. 2 Alt. 2 StGB.

c. Die Abwägung der Argumente gegeneinander

123   In den seltensten Fällen sind alle Argumentationsmuster (das systematische, das historische und das teleologische) ergiebig. Es ist gerade typisch, dass nicht alle Argumentationsmuster zu brauchbaren Argumenten führen. Für das Gutachten bedeutet dies, dass man die möglichen Argumentationsmuster nicht stur abhaspelt, sondern die ergiebigen entsprechend ausführt, die anderen aber weglässt.

Wie ist jedoch vorzugehen, wenn zum Beispiel die Systematik einer Norm eher *für* die Subsumtion eines bestimmten Sachverhalts unter den Tatbestand spricht, die historische und teleologische Argumentation aber eher *dagegen*, oder wenn mehrere bestehende Zwecke einer Norm eine jeweils andere Auslegung nahelegen? Dann muss man die Argumente gegeneinander abwägen. Dies meint der lateinische Satz *Iudex non calculat:* Der Richter zählt nicht die Argumente, sondern er wägt sie gegeneinander ab. Lösen Sie vor diesem Hintergrund folgenden

124   *Beispielfall:*

A stellt sich in der einsamen Ecke eines Parks hinter den B, drückt ihm einen Labello-Stift zwischen die Schulterblätter und brüllt: „Keine Bewegung oder ich drücke ab!" B fürchtet um sein Leben und lässt sich von A den Geldbeutel aus der Tasche ziehen. A verschwindet. Kann der Labello, den A einsetzt, „Werkzeug oder Mittel" im Sinne von § 250 Abs. 1 Nr. 1 b StGB sein?

Hinweise:

Der Gesetzgeber wollte, dass Gegenstände, die an sich völlig ungefährlich sind und bei denen die bedrohliche Wirkung sich erst und im We-

sentlichen aus einer zusätzlichen Täuschungshandlung ergibt, nicht „Werkzeug oder Mittel" im Sinne von § 250 Abs. 1 Nr. 1 b StGB sind. Für solche Fälle sei der hohe Strafrahmen (nicht unter 3 Jahren!) nicht gerechtfertigt.

Nach der inneren Systematik der Norm hingegen kann es im Rahmen der Nr. 1 b auf die objektive Gefährlichkeit des Gegenstandes nicht ankommen, denn im Gegensatz zu Nr. 1 a ist hier das Merkmal der Gefährlichkeit nicht genannt.[41]

Falllösung: **125**

Fraglich ist, ob der von A eingesetzte Labello ein Werkzeug oder Mittel im Sinne des § 250 Abs. 1 Nr. 1 b StGB war.

Fraglich ist also, ob ein Labello überhaupt ein Werkzeug oder Mittel im Sinne dieser Vorschrift sein kann. Dies könnte man verneinen mit Hinweis darauf, dass der Gesetzgeber solche Fälle nicht erfassen wollte, bei denen der mitgeführte Gegenstand an sich ungefährlich ist und sich die – nur vermeintliche – Gefährlichkeit erst und im Wesentlichen aus einer Täuschungshandlung des Täters ergibt. In solchen Fällen sei nicht zuletzt die hohe Strafdrohung der Norm (Freiheitsstrafe nicht unter drei Jahren) unangemessen. Demnach also hätte A den Labello nicht als Werkzeug oder Mittel im Sinne von § 250 Abs. 1 Nr. 1 b StGB eingesetzt.

Dem ist aber entgegenzuhalten, dass der historische Wille des Gesetzgebers nicht bindend für die Normauslegung ist, dass sich diese vielmehr selbständig im systematischen Kontext entwickeln kann. Es ergibt sich bereits dem Wortlaut der Norm selbst, dass der eingesetzte Gegenstand gerade nicht an sich schon gefährlich sein muss: In § 250 Abs. 1 Nr. 1 b StGB ist die Voraussetzung der Gefährlichkeit nämlich nicht genannt, in Nr. 1 a dagegen schon. Die Gefährlichkeit des Gegenstandes an sich ist also nicht Voraussetzung dafür, dass er ein Werkzeug oder Mittel im Sinne von Nr. 1 b sein kann. Somit konnte also auch ein Labello Werkzeug oder Mittel im Sinne von Nr. 1 b sein.

Der von A verwendete Labello war also Werkzeug oder Mittel im Sinne von § 250 Abs. 1 Nr. 1 b StGB.

---

[41] Der hier angerissene Streit über die sogenannten Scheinwaffen ist eigentlich wesentlich komplizierter, vergleiche *Tröndle/ Fischer* § 250 Rn. 4a f. Ich habe zu Übungszwecken zwei Argumente herausgegriffen.

d. Richterliche Rechtsfortbildung

126 In Studium und Praxis treten Fälle auf, in denen ein bestimmter Sachverhalt zwar einen bestimmten Tatbestand eindeutig erfüllt (oder nicht erfüllt), so dass also dessen Rechtsfolgen unweigerlich eintreten (oder nicht eintreten) sollen, in denen dieses eindeutige Ergebnis aber dem Rechtsanwender als wertungsmäßig falsch, als ungerecht erscheint. Mittels Normauslegung im engeren, bisher verwendeten Sinne kann dieses Problem nicht behoben werden. Es handelt sich nämlich um Fälle, die gerade nicht zweifelhaft im Sinne von der Lehre der Wortsinngrenze sind, sondern eben eindeutig. In gewissem Sinne versagen hier also die bestehenden Normen, versagt das bestehende Recht.

Zur Bewältigung einer solchen Konstellation ist eine Auslegung im weiteren Sinne erforderlich, eine Fortbildung des Rechts: Der Richter hat unter bestimmten Voraussetzungen die Kompetenz, entgegen dem klaren Wortlaut bestehender Normen Recht zu sprechen. Er schafft hierdurch neues Recht, nimmt also eine Aufgabe wahr, die eigentlich die des Gesetzgebers ist.

Damit diese Rechtsfortbildung möglichst nachvollziehbar und nachprüfbar ist, wurden für ihre Durchführung bestimmte Voraussetzungen formuliert und ein entsprechendes Instrumentarium entwickelt.[42]

(1) Regelungslücke

127 Rechtsfortbildung erfordert zunächst, dass eine Regelungslücke im Gesetz besteht, die durch die Rechtsfortbildung ausgefüllt werden soll. Eine Lücke besteht nicht etwa dann, wenn ein bestimmter Sachverhalt im Gesetz nicht geregelt ist, denn *keine* Regelung bedeutet einfach, dass der Sachverhalt keinerlei Tatbestand erfüllt und somit auch keinerlei Rechtsfolge eintritt. Eine Lücke besteht vielmehr dann, wenn ein Sachverhalt nach geltendem Recht eine Rechtsfolge nach sich zieht oder nicht nach sich zieht und dieses Ergebnis erkennbar der eigentlichen (wertungsmäßigen) Regelungsabsicht des Gesetzgebers zuwiderläuft.

Zum Beispiel wird eine Regelungslücke angenommen für den Fall, dass sich der Täter über das tatsächliche Vorliegen eines Rechtfertigungsgrundes irrt (sogenannter Erlaubnistatbestandsirrtum). Gemeint ist etwa der Fall, dass der

---

[42] Allerdings besteht über die Begrifflichkeiten und die Voraussetzungen im Einzelnen wenig Einigkeit. Ich erörtere hier nur die wichtigsten Aspekte ohne Darstellung der Hintergründe; dabei orientiere ich mich im Wesentlichen an *Wank* S. 113-128. Vergleiche auch *Larenz/ Canaris* S. 187-261.

Täter irrtümlich glaubt, er werde angegriffen, er befinde sich also in einer Notwehrlage, die seine vermeintliche Verteidigungshandlung rechtfertige.

Nach dem klaren Wortlaut des Gesetzes wäre dies ein Irrtum nach § 17 StGB (und nicht nach § 16 StGB, da dieser einen Irrtum über Umstände hinsichtlich des Tatbestandes, nicht der Rechtswidrigkeit/ Rechtfertigung voraussetzt). Dies würde aber bedeuten, dass bei fahrlässigem Irrtum der Täter nicht straffrei (hinsichtlich der Vorsatztat) bliebe, sondern allenfalls eine Strafmilderung erführe (§ 17 S. 2 StGB). Dies wird als ungerecht empfunden.[43] Ob also eine Regelungslücke besteht, bedarf bereits einer Bewertung, im Beispiel nämlich der Bewertung, dass die Rechtsfolge des § 17 StGB im Falle des Erlaubnistatbestandsirrtums ungerecht ist.

Kommt man nun zum Ergebnis, dass eine Lücke besteht, so ist zu prüfen, ob diese geschlossen werden kann. Hierbei ist zurückzugreifen auf die Instrumente des Analogieschlusses, des Erst-recht-Schlusses, des Umkehrschlusses und der teleologische Reduktion.

(2) Analogieschluss, Erst-recht-Schluss, Umkehrschluss

Analoganwendung bedeutet die Anwendung einer Norm auf einen Sachverhalt, obwohl dieser den Tatbestand der Norm eindeutig nicht erfüllt. Dies setzt voraus, dass der betreffende Sachverhalt *ähnlich* solchen Sachverhalten ist, die vom Tatbestand der Norm erfasst werden. So wird zum Beispiel argumentiert, dass der Erlaubnistatbestandsirrtum *ähnlich* dem in § 16 StGB vorausgesetzten Irrtum über das tatsächliche Vorliegen tatbestandlicher Voraussetzungen ist, deshalb sei § 16 StGB *analog* auf den Erlaubnistatbestandsirrtum anzuwenden. **128**

Verwandt mit dem Analogieschluss ist der **Erst-recht-Schluss** (lat: *a maiore ad minus*). Der Bundesgerichtshof hatte einen Fall zu entscheiden, in dem A seine Lebenspartnerin L zutiefst verletzend beleidigte, so dass diese (freiverantwortlich) Selbstmord beging. A sah dies nicht voraus, hätte es aber aufgrund der Labilität der L und ihrer früheren dahingehenden Äußerungen voraussehen können, er handelte also fahrlässig. Der BGH lehnte eine Bestrafung wegen fahrlässiger Tötung nach § 222 StGB mittels Erst-recht-Schluss ab: Da sogar die *vorsätzliche* Beihilfe zum freiverantwortlichen Selbstmord straflos sei, müsse die fahrlässige Beihilfe *erst recht* straflos bleiben, weil der Vorwurf der Fahrlässigkeit geringer sei als der des Vorsatzes.[44] **129**

---

[43] Näheres bei *Tröndle/ Fischer* § 16 Rn. 16-20 sowie unten Rn. 154-158.
[44] BGHSt 24, 342 ff.

130 Eine Argumentation mittels **Umkehrschluss** (lat.: *e contrario*) liegt zum Beispiel vor, wenn man die abstrakte Gefährlichkeit eines Gegenstandes als Erfordernis für die Qualifizierung als „Werkzeug oder Mittel" im Sinne von § 250 Abs. 1 Nr. 1 b StGB verneint mit dem Argument, dass die Gefährlichkeit in Nr. 1 a genannt sei, also *umgekehrt* in Nr. 1 b nicht erforderlich sein kann (hierzu bereits oben Rn. 124 f.).

Erkennen Sie übrigens, was sich methodisch aus diesem Beispiel ergibt? Die Argumentationsform des Umkehrschlusses (ebenso wie die des Analogie- und Erst-recht-Schlusses) spielt nicht erst auf der Ebene der Rechtsfortbildung eine Rolle, sondern wird letztlich auch im Bereich der Auslegung im engeren Sinne angewandt!

(3) Teleologische Reduktion

131 Gewissermaßen das Gegenstück zur Analogiebildung ist die sogenannte teleologische Reduktion. Hier werden unter Hinweis auf den Zweck der Vorschrift bestimmte Sachverhalte von der Anwendung der Vorschrift ausgenommen, obwohl sie den Tatbestand eindeutig erfüllen. Der Anwendungsbereich der Norm wird hier also nicht erweitert, wie beim Analogieschluss, sondern reduziert. Hierzu folgender

Beispielfall:

A zündet die Blechhütte des B an, in der dieser wohnt. Die Blechhütte hat im Innern einen einzigen, leicht überschaubaren Raum. A vergewissert sich, bevor er die Hütte anzündet, dass sich weder B noch sonst jemand gerade darin aufhält. Die Hütte brennt vollständig ab.

A hat also dem Wortlaut nach eindeutig alle Tatbestandsvoraussetzungen von § 306a Abs. 1 Nr. 1 Var. 3 StGB erfüllt. Begründen Sie im Gutachtenstil, warum der Tatbestand dieser Norm trotzdem nicht als gegeben anzusehen ist.

132 *Falllösung:*

Fraglich ist, ob trotz der eindeutigen Erfüllung dem Wortlaut nach das Vorliegen der objektiven tatbestandlichen Voraussetzungen zu verneinen ist. Dies könnte im Wege einer teleologischen Reduktion begründet werden.

Anknüpfungspunkt für die hohe Strafdrohung der Norm (Freiheitsstrafe nicht unter einem Jahr) ist die besondere abstrakte Gefahr der genannten Fälle von Brandstiftung für das Leben und die Gesundheit von Menschen. Diese Gefahr ist aber mit Sicherheit ausgeschlossen, wenn eine Räumlichkeit angezündet wird, die leicht überschaubar ist, und sich der Täter zuvor überzeugt hat, dass kein Mensch sich darin aufhält. Für diese Fälle ist die Strafdrohung unangemessen hoch. Aus diesem Grund ist die Norm teleologisch dahingehend zu reduzieren, dass in Fällen wie dem vorliegenden trotz Erfüllung dem Wortlaut nach das Vorliegen des objektiven Tatbestandes zu verneinen ist.

A hat demnach also den objektiven Tatbestand des § 306a Abs. 1 Nr. 1 Var. 3 StGB nicht erfüllt.[45]

e. Wortsinngrenze und strafrechtliches Analogieverbot

Fassen wir noch einmal zusammen: Die Wortsinngrenze trennt den Bereich **133** der Auslegung im engeren Sinne von dem Bereich der Auslegung im weiteren Sinne, also von der Rechtsfortbildung. Wenn also nicht mehr mittels der Instrumente der Auslegung im engeren Sinne begründet werden kann, dass ein bestimmter Sachverhalt einen bestimmten Tatbestand erfüllt (oder nicht erfüllt), der Rechtsanwender aber aus Gerechtigkeitserwägungen heraus zu diesem Ergebnis argumentativ gelangen möchte, so muss er rechtsfortbildend auslegen, also die soeben skizzierten Argumentationsstrukturen und -voraussetzungen anwenden und beachten.

Nun übt *Wank* an dieser Theorie der Wortsinngrenze jedoch berechtigte Kri- **134** tik: Es werde nicht berücksichtigt, dass sich die laienhafte Bedeutung eines Begriffs von der juristischen zum Teil so stark unterscheide, dass man den juristischen Begriff nicht mehr als vom natürlichen Wortsinn gedeckt ansehen könne. Etwa könne einem Laien nicht plausibel gemacht werden, dass das Wegradieren von Strichen auf dem Bierdeckel (die Auskunft über die Zahl der konsumierten Getränke geben) eine Urkundenfälschung nach § 267 StGB darstelle, dass also ein Bierdeckel strafrechtlich eine Urkunde sei. Außerdem existierten nicht für alle juristischen Fachbegriffe entsprechende Parallelbegriffe in der Laiensphäre, an denen man sich für die Bestimmung der Wortsinngrenze orientieren könne.[46]

---

[45] Näheres zu diesem Problem bei *Tröndle/ Fischer* § 306a Rn. 2 f.
[46] *Wank* S. 63-65.

Diese Kritik lässt sich, insbesondere im Hinblick auf den letztgenannten Aspekt, schwer entkräften, aber immerhin kann man ihr entgegenhalten, dass sich zwar die Bedeutung des juristischen Fachbegriffs zuweilen vom laienhaften Verständnis entfernt, etwa im Fall der Urkunde, dass sie sich aber nicht *beliebig* weit entfernen kann, dass also die juristischen Fachbegriffe (zumindest im materiellen Strafrecht) nicht gänzlich willkürlich und unabhängig vom Alltagsverständnis bestimmt werden können. Im Beispiel wird man auch einem Laien vermitteln können, dass eine Urkunde dazu dient, im Rechtsverkehr etwas zu beweisen, und dass dies die Striche auf dem Bierdeckel auch tun, und dass sinnvollerweise eher die Funktion als die äußere Form des Gegenstandes über die Urkundenqualität entscheiden muss. Es besteht hier also ein auch für das Laienverständnis nachvollziehbarer Zusammenhang.

135 Es wird hier aber noch ein weiteres Problem deutlich: Auch die Entscheidung, ob eine bestimmte Auslegung sich noch innerhalb der Wortsinngrenze bewegt oder nicht, enthält eine Bewertung, die der Begründung bedarf, und manchmal liegt gerade auf *dieser* Entscheidung der Schwerpunkt der Erörterung.[47]

Im Strafrecht hat dieses Problem besondere Brisanz: Aus § 1 StGB (gleichlautend mit Art. 103 Abs. 2 GG) wird nämlich abgeleitet, dass im materiellen Strafrecht eine richterliche Rechtsfortbildung zu Lasten des Täters verboten

---

[47] Und auch hier sind unter Umständen historische, systematische und teleologische Erwägungen anzustellen, vergleiche *Wank* S. 75 f. —
In diesem Zusammenhang, sozusagen exkursartig, noch Folgendes:
In manchen Darstellungen der Methodenlehre wird auf die Unterscheidung deskriptiver und normativer Tatbestandsmerkmale wertgelegt. Ein deskriptives, das heißt beschreibendes Merkmal sei zum Beispiel „Sache" (§ 303 Abs. 1 StGB), denn zur Bestimmung, ob eine Sache vorliege, reiche sozusagen die allgemeine Wahrnehmung aus. Das Tatbestandsmerkmal „fremd" (§ 303 Abs. 1 StGB) sei hingegen normativ, das heißt durch rechtliche Wertung bestimmt, da es von unter Umständen komplizierten eigentumsrechtlichen Fragen abhänge. Diese Unterscheidung ist problematisch, weil es keine klare Trennungslinie zwischen beiden Typen von Merkmalen gibt, sondern es sich um eine mehr gefühlsmäßige Unterscheidung handelt. Das zeigt sich plastisch am Beispiel des Begriffs Sache. Allein die Tatsache, dass der strafrechtliche Sachbegriff vom zivilrechtlichen (§ 90 BGB) abweicht, macht deutlich, wie sehr gerade dieser Begriff von seiner juristischen Funktionalität abhängt.
Davon abgesehen ist die Unterscheidung deskriptiver und normativer Tatbestandsmerkmale meines Erachtens jedenfalls wenig erhellend, da sich für ihre Auslegung keine prinzipiellen Unterschiede ergeben; die Unterscheidung ist also nicht praktisch nutzbar.

ist. Hier ist dem Rechtsanwender diese Möglichkeit also insoweit verwehrt. (In den obigen Fällen ging es stets um die Frage einer Rechtsfortbildung *zugunsten* des Täters, hier war also eine Kollision mit dem strafrechtlichen Analogieverbot ausgeschlossen.) Stellen Sie vor diesem Hintergrund nun aber Überlegungen an zu folgendem

Beispielfall: **136**

Der Demonstrant D setzt sich vor die Einfahrt eines Kernkraftwerks, um zu verhindern, dass radioaktives Material abtransportiert wird.

Liegt in dem bloßen Sitzen auf der Straße eine Gewaltanwendung im Sinne einer Nötigung nach § 240 Abs. 1 StGB?

Lösung (Überlegungen, nicht Teil eines Gutachtens):

Es muss zunächst festgestellt werden, ob ein bloßes Sitzen an einem Ort noch innerhalb der Wortsinngrenze des Begriffs Gewalt liegt. Hier lässt sich in die ein oder andere Richtung argumentieren.

*Vertritt man die Auffassung, dass das bloße Sitzen nicht mehr vom Gewaltbegriff erfasst ist, so muss man zwangsläufig eine Bestrafung nach § 240 Abs. StGB ablehnen, da man sonst gegen das strafrechtliche Analogieverbot, § 1 StGB, verstößt. Dann würde man nämlich die Bestrafung nach § 240 StGB eintreten lassen für einen Fall, der den Tatbestand der Norm nicht erfüllt, sondern allenfalls denjenigen Fällen **ähnlich** ist, die den Tatbestand erfüllen.*[48]

Vertritt man dagegen die Auffassung, das bloße Sitzen auf der Straße liege noch innerhalb der möglichen Wortsinngrenze des Gewaltbegriffs, dann muss man in einem zweiten Schritt entscheiden, ob nach systematischen, historischen und teleologischen Gesichtspunkten das bloße Sitzen als Gewalt zu qualifizieren ist oder nicht.

Auch die rechtsfortbildende teleologische Reduktion zu Lasten des Täters **137** verstößt gegen § 1 StGB. Stellen Sie Überlegungen an zu folgendem

---

[48] So entschied das BVerfG, E 92, 1 ff., verneinte also die Erfüllung des Nötigungstatbestandes; Näheres bei *Tröndle/ Fischer* § 1 Rn. 13, § 240 Rn. 20 ff.

Beispielfall:

A betrinkt sich, bis sein Blut eine Blutalkoholkonzentration von 3,5 Pro-mille aufweist, er also nach § 20 Var. 1 StGB schuldunfähig ist. Dies hat er auch bezweckt. Nun ermordet er vorsätzlich seinen Todfeind B. Er hofft, mit einer Strafe nach § 323a StGB (maximal fünf Jahre Gefängnis) davonzukommen. Wie argumentieren Sie als Staatsanwalt, wenn Sie eine lebenslange Freiheitsstrafe (§ 211 Abs. 1 StGB) beantragen wollen?

Lösung (Überlegungen, nicht Teil eines Gutachtens):

Eine Bestrafung nach § 211 Abs. 1 StGB kann nur erreicht werden, wenn man § 20 StGB für nicht anwendbar erklärt in dem Fall, dass jemand sich absichtlich betrinkt, um dann in schuldunfähigem Zustand eine Tat zu begehen. Man müsste also § 20 StGB insoweit teleologisch reduzie-ren, und zwar zu Lasten des Täters.

*Da dies gegen § 1 StGB verstieße, sind verschiedene Theorien entwickelt worden, wie man das gewünschte Ergebnis mit dem Wortlaut von § 20 StGB vereinbaren kann, wie man also nicht teleologisch reduziert, also nicht rechtsfortbildend argumentiert, sondern § 20 StGB lediglich und legitimerweise zu Lasten des Täters **auslegt**. (Die einzelnen – kom-plizierten –Theorien, die zu diesem Zwecke entwickelt worden sind, sol-len hier nicht vorgestellt werden.[49])*

138 Abschließend möchte ich in diesem Zusammenhang zu bedenken geben, dass man sich, weder im Studium noch in der Praxis, leichtfertig über das straf-rechtliche Analogieverbot hinwegsetzen sollte, selbst dann nicht, wenn man im Einzelfall meint, ein Täter werde ansonsten nicht ausreichend bestraft. Nur das Analogieverbot gibt dem Bürger die Gewissheit, dass lediglich das be-straft wird, was auch im Strafgesetzbuch (oder einem Nebengesetz) mit Strafe bedroht ist. Wer diese Rechtssicherheit aufgibt, öffnet der staatlichen Willkür die Türen.

Vergegenwärtigen Sie sich nur die Folgen, die die Aufhebung des strafrecht-lichen Analogieverbots durch die Nationalsozialisten mit sich brachte: Seit 1935 konnte nach dem damals eingeführten § 2 S. 1 StGB eine Tat bestraft werden,

---

[49] Näheres zur sogenannten *actio libera in causa* (lat.: „in ihrer Ursache freie Handlung") bei *Tröndle/ Fischer* § 20 Rn. 47 ff.

*„die das Gesetz für strafbar erklärt **oder die nach dem Grundgedanken eines Strafgesetzes und nach gesundem Volksempfinden Bestrafung verdient. "***

5. Umgang mit bekannten und unbekannten Streitfragen

Bisher wurde so getan, als beginne jeder Rechtsanwender jeweils ganz neu   **139**
mit der Entwicklung von Kriterien, wenn er eine Norm auslegt. Dies trifft
aber weder auf die hier verwendeten Beispiele zu noch trifft dies überhaupt
auf viele Streitfragen zu. Die allermeisten Streitfragen sind gerade deshalb
Streitfragen, weil um sie eine wissenschaftliche Diskussion geführt wird. Wie
geht man mit ihnen um?

In der Praxis, wenn Sie zum Beispiel Strafverteidiger sind, dürfte es im Regelfall am sinnvollsten sein, wenn Sie sich daran orientieren, wie sich das
Gericht in seiner ständigen Rechtsprechung in dieser Frage entscheidet. Es
nützt Ihrem Mandanten nichts, wenn Sie eine neue Theorie zu irgendeinem
Problem entwickeln, sondern Sie müssen ihn realistisch darauf einstellen, was
von Seiten des Gerichts zu erwarten ist. Auch als Richter werden Sie im Regelfall der Auffassung der Obergerichte folgen, damit Ihre Entscheidung
nicht nach Einlegung eines Rechtsmittels aufgehoben wird.

Im Studium müssen Sie in wichtigen Fragen die unterschiedlichen Auffas-   **140**
sungen in Rechtsprechung und Wissenschaft kennen. Es nützt allerdings
nichts, sich auf die Rechtsprechung oder die herrschende Meinung als Auto-
rität zu berufen, sondern Sie sind aufgefordert, die verschiedentlich vorgetra-
genen Argumente zu reproduzieren und zu einem vertretbaren Ergebnis zu
gelangen. Niemand verlangt jedoch von Ihnen, bessere Argumente aus dem
Ärmel zu schütteln.

Sie werden aber im Studium auch mit Streitfragen konfrontiert werden, die
Ihnen nicht geläufig sind (oder zu denen tatsächlich noch keine Stellungnah-
men seitens der Rechtsprechung und der Literatur bestehen). Dann müssen
Sie selbst eine Argumentation entwickeln nach den Mustern, wie sie oben
skizziert wurden.

Wie finden Sie aber in der Klausur heraus, was streitig ist? Entweder handelt
es sich um eine bekannte Streitfrage, oder der Klausurtext gibt Hinweise darauf, was problematisch sein könnte. Solche Hinweise zu erkennen erfordert:
Übung an Fällen.

6. Einbindung der Erörterung von Streitfragen ins Gutachten

141 In den bisherigen Fallbeispielen wurden die jeweiligen Streitfragen isoliert erörtert. Wenn Sie ein Gutachten schreiben und sich eine Streitfrage stellt, dann ist diese aber nicht vorneweg oder isoliert zu erörtern, sondern dort, wo sie relevant wird. Lösen Sie vor diesem Hintergrund schriftlich folgenden

Beispielfall:

A fährt volltrunken mit dem Wagen des B auf einer öffentlichen Straße. In einer etwas engeren Kurve verliert er alkoholbedingt die Kontrolle über den Wagen und kommt von der Fahrbahn ab. Der Wagen bleibt unbeschädigt. Hat A sich nach § 315c StGB strafbar gemacht?

Hinweise:

1. Eine konkrete Gefährdung, wie sie § 315c StGB voraussetzt, liegt vor, wenn es „beinahe" zu einem Unfall kommt und der Eintritt eines Schadens nur noch vom Zufall abhängt. Das ist beim Abkommen von der Fahrbahn anzunehmen.

*2. Umstritten ist, ob auch eine Gefährdung des (fremden) Wagens, den der Täter **selbst führt**, den Tatbestand des § 315c StGB erfüllen kann. Der Ausschluss dieser Fallkonstellation ergibt sich nicht aus dem Wortlaut. Es wird aber argumentiert, dass der geführte Wagen vom Schutzbereich der Norm nicht erfasst sei, da das Tatmittel nicht zugleich Gefährdungsobjekt sein könne.[50] Folgen Sie übungshalber der letzteren Argumentation.*

142 *Falllösung:*

A könnte sich, indem er betrunken mit dem Auto des B fuhr und dabei von der Fahrbahn abkam, nach § 315c Abs. 1 Nr. 1 a StGB strafbar gemacht haben.

Er hat den objektiven Tatbestand insoweit erfüllt, als er im Straßenverkehr ein Fahrzeug führte, obwohl er infolge des Genusses alkoholischer Getränke nicht in der Lage war, das Fahrzeug sicher zu führen. Er hat auch eine fremde Sache von bedeutendem Wert, nämlich den Wagen des B, konkret gefährdet, da er in der Kurve die Kontrolle über den Wagen

---

[50] Näheres hierzu bei *Tröndle/ Fischer* § 315c Rn. 17.

verlor und von der Fahrbahn abkam, so dass der Eintritt einer Beschädigung nur noch vom Zufall abhing.

Problematisch ist allerdings, dass dieser Wagen von A selbst geführt wurde. Zwar ist dem Wortlaut der Norm nicht zu entnehmen, dass das vom Täter geführte Fahrzeug kein taugliches Tatobjekt ist, insofern könnte man also die Gefährdung einer fremden Sache bejahen, und A hätte demnach den Tatbestand der Norm erfüllt.

Dagegen spricht aber, dass ein Tatmittel nicht zugleich Tatobjekt sein kann. Das vom Täter geführte Fahrzeug als Tatmittel ist deshalb vom Schutzbereich der Norm ausgeschlossen.

A hat also, indem er lediglich das von ihm geführte Fahrzeug gefährdete, den objektiven Tatbestand der Norm nicht erfüllt. Er hat sich also nicht nach § 315c Abs. 1 Nr. 1 a StGB strafbar gemacht.

Aus dieser Falllösung ersehen Sie nicht nur, wie sich die Prüfung eines problematischen Tatbestandsmerkmals in den gutachterlichen Prüfungsaufbau einfügt, sondern es wird auch wiederum deutlich, dass hier ein **Prüfungsschwerpunkt** gebildet werden muss. Wenn Sie hier stattdessen ausführlich erörtern, warum der A fahruntüchtig war und dass er auf einer öffentlichen Straße fuhr, dann zeigen Sie, dass Sie das eigentliche Problem des Falles nicht erkannt haben. Ihr Gutachten ist dann nicht viel wert.

7. Relevanz einer Streitfrage für das Gutachten

Gehen wir nochmals gedanklich einen Schritt zurück. In den oben erörterten 143 Fällen führten die unterschiedlichen Auffassungen zu der jeweiligen Streitfrage zu einem unterschiedlichen Ergebnis im konkreten Fall. Zum Beispiel stellte sich die Frage, ob A, wenn er in volltrunkenem Zustand den Wagen des B fährt und in einem „Beinahe-Unfall" ausschließlich dieses Auto gefährdet, den Tatbestand des § 315c StGB erfüllt. Hierfür war es entscheidend, ob die Gefährdung des geführten Fahrzeugs für die Erfüllung dieses Tatbestands überhaupt ausreichen kann. In einem solchen Falle, in dem die unterschiedlichen Auffassungen zu einem unterschiedlichen Ergebnis führen, ist die Streitfrage wie oben dargestellt ausführlich zu erörtern.

a. Vorgehen bei Irrelevanz der Streitfrage

Wie ist aber vorzugehen, wenn die jeweiligen Auffassungen zu einer Streit- 144 frage im konkreten Fall zum selben Ergebnis führen? Antwort: Da die Streitfrage dann irrelevant ist, ist ihre Erörterung überflüssig, also falsch.[51] Allenfalls kann man im Gutachten (um zu zeigen, dass man das Problem nicht übersehen hat), kurz darstellen, was streitig ist, und dann erklären, dass dies für den vorliegenden Fall irrelevant ist. Lösen Sie vor diesem Hintergrund folgenden

Beispielfall:

A verkauft am 1.8. dem B privat sein Auto und verspricht ihm, es ihm am 2.8. vorbeizubringen. Am Abend des 1.8. unternimmt er – volltrunken – noch eine letzte Spritztour mit dem Wagen, wobei er in einer etwas engeren Kurve alkoholbedingt die Kontrolle über den Wagen verliert und von der Fahrbahn abkommt. Der Wagen bleibt unbeschädigt. Hat A sich nach § 315c StGB strafbar gemacht?

Hinweis:

Der Verkauf ändert noch nicht die Eigentumslage, sondern erst die Übergabe würde dazu führen, dass A das Eigentum am Wagen an den B verliert, erst dann wäre der Wagen für A „fremd". Geregelt ist dies in den §§ 433, 929 ff. BGB, die in der Falllösung eigentlich auch erwähnt werden müssten. Verzichten Sie hierauf aber und konzentrieren Sie sich ganz auf das interessierende methodische Problem.

145   *Falllösung:*

A könnte sich, indem er betrunken mit dem Auto fuhr und dabei von der Fahrbahn abkam, nach § 315c Abs. 1 Nr. 1 a StGB strafbar gemacht haben.

Er hat den objektiven Tatbestand insoweit erfüllt, als er im Straßenverkehr ein Fahrzeug führte, obwohl er infolge des Genusses alkoholischer Getränke nicht in der Lage war, das Fahrzeug sicher zu führen. Er hat auch eine Sache von bedeutendem Wert, nämlich den von ihm geführten Wagen, konkret gefährdet, da er in der Kurve die Kontrolle über ihn verlor und von der Fahrbahn abkam, so dass der Eintritt einer Beschädigung nur noch vom Zufall abhing.

Allerdings war dieser Wagen nicht fremd. Allein dessen Verkauf an den B änderte nämlich nicht die Eigentumslage. Erst durch Übergabe wäre B

---

[51] *Arzt* S. 28-31 bezeichnet die Erörterung irrelevanter Probleme als einen der vier zu beobachtenden Grundfehler bei der Subsumtion.

*Eigentümer geworden, hierzu kam es aber noch nicht. A hat also schon mangels Fremdheit des Wagens den Tatbestand des § 315c Abs. 1 Nr. 1 a StGB objektiv nicht erfüllt. **Auf die Streitfrage, ob die Gefährdung des vom Täter geführten Wagens, falls dieser fremd ist, zur Erfüllung des Tatbestandes des § 315c Abs. 1 StGB ausreicht, kommt es also nicht an.***

A hat sich somit nicht nach § 315c Abs. 1 Nr. 1 a StGB strafbar gemacht.

Dass die Streitfrage kurz erwähnt wird, ist berechtigt, weil auch die Frage der   **146**
Fremdheit des Wagens einer kurzen Erörterung bedarf. Würde der Sachverhalt schlicht lauten, dass A mit *seinem* Wagen volltrunken fast in einen Unfall gerät, fiele die Falllösung kürzer aus:

Falllösung:

Eine Strafbarkeit des A nach § 315c Abs. 1 Nr. 1 a StGB entfällt bereits deshalb, weil A jedenfalls keine fremde Sache, sondern allenfalls seinen eigenen Wagen gefährdete, so dass schon der objektive Tatbestand nicht gegeben ist.

Hier wäre es nicht sinnvoll, also falsch, die Streitfrage anzusprechen, ob die Gefährdung des geführten Wagens, wenn dieser fremd ist, zur Erfüllung des Tatbestandes ausreichen kann. Diese Streitfrage spielt nämlich schon auf den ersten Blick für das Ergebnis des Falles keine Rolle.

b. Vorgehen bei nur womöglich bestehender Relevanz der Streitfrage

Wir haben nun die Konstellationen kennen gelernt, dass die unterschiedlichen   **147**
Auffassungen zu einer Streitfrage im konkreten Fall entweder zu unterschiedlichen Ergebnissen (in allen früheren Beispielen) oder zum selben Ergebnis führen (in den Beispielen zu § 315c StGB). Es gibt noch eine dritte Konstellation, nämlich die, dass fraglich ist, ob die tatbestandlichen Voraussetzungen dafür vorliegen, dass die unterschiedlichen Auffassungen zu einer Streitfrage im konkreten Fall zu unterschiedlichen Ergebnissen führen.

Beispielfall:

A verkauft dem B seinen Wagen. B bietet dem A an, dass dieser den Wagen noch eine Woche behalten kann und dann vorbeibringen soll. A solle aber sorgfältig mit dem Wagen umgehen, da er ja sozusagen schon ihm, dem B, gehöre. A erklärt sich hiermit einverstanden.

Im Verlauf der Woche unternimmt der A betrunken eine Spritztour mit dem Wagen, wobei er in einer Kurve alkoholbedingt die Kontrolle über den Wagen verliert und von der Fahrbahn abkommt. Der Wagen bleibt unbeschädigt. Hat sich A nach § 315c Abs. 1 Nr. 1 a StGB strafbar gemacht?

148   Die Besonderheit des Falles liegt darin, dass man den Vorschlag des B und das Einverständnis des A dahingehend interpretieren könnte, dass ein sogenanntes Besitzmittlungsverhältnis vereinbart wurde, wonach der B, noch vor Übergabe, Eigentümer wurde (§§ 930, 868 BGB). Man könnte aber auch anderer Auffassung sein und die Vereinbarung eines solchen Verhältnisses verneinen, weil die Erklärungen von B und A nicht eindeutig, sondern auslegungsbedürftig sind. Je nachdem nun, wie man die Erklärungen von B und A interpretiert, ist die Streitfrage, ob die Gefährdung des fremden geführten Wagen zur Erfüllung des Tatbestands des § 315c Abs. 1 StGB ausreicht, für den Fall relevant oder nicht.

In einer solchen Konstellation gibt es verschiedene Aufbaumöglichkeiten für das Gutachten. Sie können zunächst die Erklärung des B in die eine oder die andere Richtung auslegen und dann die Streitfrage, je nachdem, ob relevant oder nicht, ausführlich erörtern oder nur kurz anreißen:

149   *Falllösung 1 (keine Einigung über Besitzmittlungsverhältnis):*

A könnte sich, indem er betrunken mit dem Auto fuhr und dabei von der Fahrbahn abkam, nach § 315c Abs. 1 Nr. 1 a StGB strafbar gemacht haben.

Er hat den objektiven Tatbestand insoweit erfüllt, als er im Straßenverkehr ein Fahrzeug führte, obwohl er infolge des Genusses alkoholischer Getränke nicht in der Lage war, das Fahrzeug sicher zu führen. Er hat auch eine Sache von bedeutendem Wert, nämlich den geführten Wagen, konkret gefährdet, da er in der Kurve die Kontrolle über diesen verlor und von der Fahrbahn abkam, so dass der Eintritt einer Beschädigung nur noch vom Zufall abhing.

Fraglich ist allerdings, ob der Wagen fremd war. Durch den Verkauf allein verlor A nicht das Eigentum. **Fraglich ist aber, ob A sich nicht mit B auf ein Besitzmittlungsverhältnis einigte, wodurch B bereits vor**

Übergabe Eigentümer geworden wäre. Darauf könnte die Aussage des B hindeuten, dass der Wagen „schon ihm gehöre".

Letztlich reicht dies aber nicht hin für die Annahme, dass die Parteien tatsächlich einen Eigentumsübergang vereinbarten. Dass A in den weitreichenden Verlust der Rechtsposition Eigentum einwilligte, ergibt sich nämlich nicht schon daraus, dass er sich lediglich einverstanden erklärte, mit dem Wagen vorsichtig umzugehen.

Ein Besitzmittlungsverhältnis wurde also nicht vereinbart. A war also noch Eigentümer und erfüllte schon mangels Fremdheit des Wagens den Tatbestand des § 315c Abs. 1 Nr. 1 a StGB objektiv nicht. Auf die Streitfrage, ob die Gefährdung des geführten Wagens, falls dieser fremd ist, zur Erfüllung des Tatbestandes des § 315c Abs. 1 StGB ausreichen kann, kommt es also nicht an.

A hat sich somit nicht nach § 315 Abs. 1 Nr. 1 a StGB strafbar gemacht.

Entwerfen Sie nun eine Lösung, in der Sie die Vereinbarung eines Besitz- **150**
mittlungsverhältnisses begründen und daran anschließend die Frage erörtern,
ob die Gefährdung des fremden geführten Wagens für die Erfüllung des Tatbestands des § 315c Abs. 1 StGB ausreichen kann.

Falllösung 2 (Einigung über Besitzmittlungsverhältnis):

A könnte sich, indem er betrunken mit dem Auto fuhr und dabei von der Fahrbahn abkam, nach § 315c Abs. 1 Nr. 1 a StGB strafbar gemacht haben.

Er hat den objektiven Tatbestand insoweit erfüllt, als er im Straßenverkehr ein Fahrzeug führte, obwohl er infolge des Genusses alkoholischer Getränke nicht in der Lage war, das Fahrzeug sicher zu führen. Er hat auch eine Sache von bedeutendem Wert, nämlich den geführten Wagen, konkret gefährdet, da er in der Kurve die Kontrolle über diesen verlor und von der Fahrbahn abkam, so dass der Eintritt einer Beschädigung nur noch vom Zufall abhing.

Fraglich ist allerdings, ob der Wagen fremd war. Durch den Verkauf allein verlor A nicht das Eigentum. A könnte sich aber mit B auf ein Besitzmittlungsverhältnis geeinigt haben, wodurch B bereits vor Übergabe Eigentümer geworden wäre. B erklärte, dass A den Wagen zunächst behalten könne, dass der Wagen aber „schon ihm, dem B, gehören" solle. Es ging dem B also erkennbar darum, schon jetzt Ei-

gentümer des Wagens zu werden. A erklärte sich hiermit auch einverstanden, es fand also ein Eigentumsübergang an B statt. A verlor also bereits zu diesem Zeitpunkt das Eigentum am Wagen. Der Wagen war also für ihn fremd.

Fraglich ist aber, ob Objekt des § 315c Abs. 1 StGB auch das vom Täter geführte Fahrzeug selbst sein kann. Zwar ergibt sich nichts Gegenteiliges aus dem Wortlaut, jedoch ist zu bedenken, dass das vom Täter geführte Fahrzeug Tatmittel ist und als solches nicht zugleich Tatobjekt sein kann. Es ist deshalb vom Schutzbereich nicht erfasst.

Indem also A lediglich das von ihm selbst geführte Fahrzeug gefährdete, erfüllte er nicht den Tatbestand der Norm, hat sich also auch nicht entsprechend strafbar gemacht.

151 Es gibt noch eine weitere Aufbaumöglichkeit für das Gutachten, die gewissermaßen eleganter ist: Sie können, sofern Sie der Auffassung folgen, dass das geführte Fahrzeug nicht Objekt des § 315c StGB sein kann, die Frage, ob ein Besitzmittlungsverhältnis vereinbart wurde, „dahinstehen" lassen:

Falllösung 3 (Frage offengelassen, ob Besitzmittlungsverhältnis):

A könnte sich, indem er betrunken mit dem Auto fuhr und dabei von der Fahrbahn abkam, nach § 315c Abs. 1 Nr. 1 a StGB strafbar gemacht haben.

Er hat den objektiven Tatbestand insoweit erfüllt, als er im Straßenverkehr ein Fahrzeug führte, obwohl er infolge des Genusses alkoholischer Getränke nicht in der Lage war, das Fahrzeug sicher zu führen. Er hat auch eine Sache von bedeutendem Wert, nämlich den geführten Wagen, konkret gefährdet, da er in der Kurve die Kontrolle über diesen verlor und von der Fahrbahn abkam, so dass der Eintritt einer Beschädigung nur noch vom Zufall abhing.

Fraglich ist allerdings, ob der Wagen fremd war. Durch den Verkauf allein verlor A nicht das Eigentum. A könnte sich aber mit B auf ein Besitzmittlungsverhältnis geeinigt haben, wodurch B bereits vor Übergabe Eigentümer geworden wäre. Hierauf deutet die Formulierung des B hin, dass der Wagen bereits jetzt „ihm gehöre", wozu sich der A auch einverstanden erklärte.

Hierauf kommt es letztlich aber nicht an. Selbst wenn nämlich ein Besitzmittlungsverhältnis vereinbart worden wäre und die Sache somit für den A fremd wäre, wäre der Tatbestand des § 315c Abs. 1 Nr. 1 a StGB nicht erfüllt. Der vom Täter geführte Wagen, gleichgültig ob fremd oder nicht, kann nämlich, als Tatmittel, nicht gleichzeitig Tatobjekt des § 315c Abs. 1 StGB sein, ist also vom Schutzbereich dieser Norm nicht mehr erfasst ist.

A hat also in jedem Falle den Tatbestand des § 315c Abs. 1 Nr. 1 a StGB objektiv nicht erfüllt, sich also auch nicht entsprechend strafbar gemacht.

Dieses „Dahinstehen-lassen" ist nur möglich, wenn es nach der von Ihnen vertretenen Auffassung in der Streitfrage für das Ergebnis im konkreten Fall gleichgültig ist, ob das Tatbestandsmerkmal „fremd" erfüllt ist. Wenn Sie die Auffassung vertreten, auch das geführte Fahrzeug kann Objekt des § 315c Abs. 1 StGB sein, dann müssen Sie in der Frage, wie die Erklärungen von B und A auszulegen sind, zu einem Ergebnis kommen. **152**

Alle vorgestellten Lösungen haben gemeinsam, dass sie sich zunächst mit der Frage beschäftigen, wie das tatsächliche Geschehen zu deuten ist (wie die Erklärungen von B und A auszulegen sind), und sich erst dann mit der Streitfrage befassen. **153**

Falls Sie das Vorliegen der Tatbestandsvoraussetzungen, die die Streitfrage relevant werden lassen, im Ergebnis verneinen (also im Beispiel die Vereinbarung eines Besitzmittlungsverhältnisses verneinen), dann ist diese Reihenfolge zwingend: Es ist widersinnig, erst zu erörtern, ob das geführte Fahrzeug Objekt des § 315c StGB sein kann, um dann festzustellen, dass die Sache sowieso nicht fremd war, dass diese Streitfrage also irrelevant ist.

Falls Sie aber das Vorliegen der Tatbestandsvoraussetzungen, die die Streitfrage relevant werden lassen, im Ergebnis bejahen (also im Beispiel die Vereinbarung eines Besitzmittlungsverhältnisses bejahen), können Sie auch erst die Streitfrage erörtern und dann erläutern, dass es auf diese auch ankommt, weil A und B ein Besitzmittlungsverhältnis vereinbarten. Hiervon möchte ich aber abraten, weil dieses Vorgehen zwar nicht logisch falsch ist, die abstrakte Problemerörterung aber gewissermaßen in der Luft hängt, so lange nicht geklärt ist, ob sie für den konkreten Fall überhaupt relevant ist. Interpretieren Sie erst das tatsächliche Geschehen und klären Sie anschließend die rechtlichen Streitfragen!

8. Streitfragen, die sich auf den Ort ihrer Erörterung erstrecken

154 Es existieren Streitfragen, die insofern besondere Aufbauschwierigkeiten für das Gutachten beinhalten, als je nach vertretener Auffassung in der Streitfrage diese an einer unterschiedlichen Stelle im Gutachten zu erörtern ist. Hierzu folgender

Beispielfall:

A bedroht den vor ihm stehenden B spaßeshalber mit einer harmlosen Spielzeugpistole. B glaubt, A wolle ihn erschießen, er zieht blitzschnell ein Messer und sticht es dem A in Tötungsabsicht in die Brust, um sich selbst zu retten. A verstirbt. Hat sich B nach § 212 Abs. 1 StGB strafbar gemacht?

155 Es geht hier um die Problematik, dass B nach seiner Vorstellung gemäß § 32 StGB in Notwehr handelte, dass aber objektiv keine Notwehrsituation bestand, da die Lage völlig ungefährlich war. Es herrscht Streit darüber, ob man im Fall eines solchen Irrtums über das Vorliegen einer Notwehrlage (eines Erlaubnistatbestandsirrtums) die Irrtumsregel des § 16 StGB analog und auf der Ebene der Rechtswidrigkeit anwenden muss, der Täter also gegebenenfalls gerechtfertigt ist, oder ob es sich um einen Irrtum im Sinne von § 17 StGB handelt, der Täter also zwar rechtswidrig, aber schuldlos handelt.[52]

Folgt man also der ersten Auffassung, so handelt es sich um einen Streit, der im Rahmen des Prüfungspunktes der Rechtswidrigkeit auszutragen ist. Folgt man dagegen der zweiten Meinung, so ist der Streit im Rahmen des Prüfungspunktes der Schuld zu erörtern. Wie ist hier vorzugehen? Es gilt die Aufbauregel: Das Problem ist dort zu erörtern, wo es – unter Berücksichtigung aller Auffassungen in der Streitfrage – zum ersten Mal relevant wird. Würde es erst an zweiter Stelle erörtert, dann hätte man gar keine Möglichkeit mehr, sich für die Meinung zu entscheiden, die es an die erste Stelle verortet. Der Streit wäre somit entschieden, bevor die Diskussion begönne.

Vertritt man eine Auffassung, nach der das Problem erst später relevant wird, so muss es demzufolge an erster *und* an zweiter Stelle thematisiert werden.

---

[52] Ich habe hier zwei der vielen vertretenen Auffassungen herausgegriffen und vereinfacht. Tatsächlich ist der Streit um den Erlaubnistatbestandsirrtum wesentlich komplizierter. Näheres bei *Tröndle/ Fischer* § 16 Rn. 16-20. Zu diesem Problem auch schon oben Rn. 127 f.

Lösen Sie unter Berücksichtigung dieser Erläuterungen den obigen Fall. Verwenden Sie dabei folgende

Hinweise: **156**

1. Für die Analoganwendung des § 16 StGB spricht, dass die Konstellation über das Nichtvorliegen der tatsächlichen (nicht rechtlichen) Voraussetzungen eines Rechtfertigungsgrundes wesentlich der Konstellation ähnelt, in der der Täter über das Vorliegen tatsächlicher Voraussetzungen des Tatbestandes irrt.

*2. Für eine Subsumtion des Erlaubnistatbestands unter § 17 StGB und damit ein Entfallen nur der Schuldhaftigkeit, nicht der Rechtswidrigkeit der Handlung des Irrenden, spricht, dass dann dem irrig Angegriffenen die Möglichkeit verbleibt, seinerseits Notwehr zu üben (denn nach § 32 StGB setzt Notwehr das Vorliegen eines **rechtswidrigen**, nicht aber notwendig auch **schuldhaften** Angriffs voraus).*

Vertreten Sie – übungshalber – die letztgenannte Auffassung!

Falllösung: **157**

B könnte sich, indem er dem A mit dem Messer in die Brust stach, nach § 212 Abs. 1 StGB strafbar gemacht haben.

1. Er erfüllte den Tatbestand objektiv und subjektiv, insbesondere entfällt der Vorsatz nicht nach § 16 StGB, da sich B jedenfalls nicht über das tatsächliche Vorliegen eines Tatbestandsmerkmals irrte.

2. Fraglich ist, ob er rechtswidrig handelte. Er war nicht nach § 32 StGB gerechtfertigt, denn dessen Voraussetzungen, insbesondere ein Angriff, lagen schon objektiv nicht vor.

Fraglich ist aber, ob B aufgrund eines Erlaubnistatbestandsirrtums gerechtfertigt gewesen sein könnte. Hierzu müsste sich B eine tatsächliche Situation vorgestellt haben, nach der er gerechtfertigt gewesen wäre. B stellte sich eine Notwehrlage im Sinne von § 32 StGB vor, und die ihm vorgeworfene Handlung (Messerstich) wäre auch eine geeignete und erforderliche Verteidigungshandlung gewesen. B befand sich also in einem Erlaubnistatbestandsirrtum.[53]

---

[53] Sie sehen: Bevor in die Diskussion um die Rechtsfolgen eines Erlaubnistatbestandsirrtums eingestiegen werden kann, muss zunächst festgestellt werden, dass ein solcher

Fraglich ist aber, ob dieser die Rechtswidrigkeit tatsächlich entfallen lässt. Hierfür spricht zwar, dass der Irrtum über das Nichtvorliegen der tatsächlichen Voraussetzungen eines Rechtsfertigungsgrundes wesentlich dem Irrtum über das Vorliegen einer Tatbestandsvoraussetzung ähnelt, was eine Analoganwendung von § 16 S. 1 StGB auf Rechtswidrigkeitsebene, also mit der Folge des Entfalls der Rechtswidrigkeit nahelegt.

Gegen dieses Ergebnis spricht aber, dass danach der irrtümlich Angegriffene (hier A) seinerseits mangels Vorliegens eines rechtswidrigen Angriffs keine Notwehr üben dürfte. Ein Entfall der Rechtswidrigkeit bei Bestehen eines Erlaubnistatbestandsirrtums ist deshalb abzulehnen. B war demnach also nicht gerechtfertigt, sondern handelte rechtswidrig.

3. Fraglich ist aber, ob B schuldhaft handelte. Dies könnte ausgeschlossen sein nach § 17 StGB. Sieht man im Erlaubnistatbestandsirrtum keinen Irrtum nach § 16 StGB (s.o.), so handelt es sich jedenfalls um einen Irrtum nach § 17 StGB, der die Einsicht, Unrecht zu tun, verwehrt, also zum Ausschluss der Schuld führt. B handelte, da er sich irrte (s.o.), also schuldlos.

4. Er hat sich somit nicht strafbar nach § 212 Abs. 1 StGB gemacht.

158 Wenn Sie diese Falllösung aufmerksam lesen, wird Ihnen auffallen, dass im Rahmen des Prüfungspunktes Schuld eigentlich nicht mehr neu zum Problem des Erlaubnistatbestandsirrtums argumentiert, sondern auf die früheren Ausführungen verwiesen wird. Dahinter steht, dass der zweiten Meinung vor allem deshalb gefolgt wird, weil die erste unbefriedigend ist.[54]

Konsequenterweise können Sie demnach auch die Diskussion vollständig im Rahmen des Prüfungspunktes Rechtswidrigkeit durchführen, denn Sie lehnen niemals eine Meinung ab, ohne dabei die Vor- und Nachteile der anderen im Blick zu haben; es ist also auch legitim, die Vor- und Nachteile derjenigen Theorie, die das Problem an anderer Stelle verortet, dort zu diskutieren, wo die erste Meinung es verortet.

Zum Erlaubnistatbestandsirrtum wird übrigens auch vertreten, dass er bereits den Vorsatz entfallen lässt. Es könnte also im Aufbau dazu kommen, dass das

---

überhaupt vorliegt! Erst muss das tatsächliche Geschehen interpretiert werden, dann sind die relevanten Streitfragen zu erörtern.

[54] Übrigens wird auch die Auffassung vertreten, dass zwar § 16 StGB analog anzuwenden ist, gegebenenfalls aber die Schuld entfällt (sogenannte rechtsfolgenverweisende eingeschränkte Schuldtheorie). Sie vereinigt die Vorteile der beiden dargestellten Theorien.

Problem an drei Stellen (im Rahmen des subjektiven Tatbestandes, der Rechtswidrigkeit und der Schuld) zu erörtern wäre, sofern man die Auffassung vertritt, dass nur die Schuld entfällt. Auch hier ist es durchaus legitim, alles an *einer* Stelle vollständig abzuhandeln, nämlich im Rahmen des subjektiven Tatbestandes. Neben logischer Richtigkeit des Aufbaus ist die Übersichtlichkeit der Erörterung wesentliches Merkmal eines gelungenen Gutachtens!

9. Streitfragen mit Folgen für den Prüfungsaufbau als solchen

Es gibt noch einen weiteren Typ von Streitfrage, der Auswirkungen auf den Aufbau hat. Es existieren nämlich Streitfragen, hinsichtlich derer nicht nur streitig ist, wo sie zu erörtern sind, sondern die je nach Auffassung einen völlig unterschiedlichen Aufbau der Prüfung erfordern. Hierzu folgendes **159**

Fallbeispiel:

A bringt seinen Onkel O um, um ihn zu beerben. Hat A sich strafbar gemacht?

A hat offensichtlich das Mordmerkmal der Habgier (§ 211 Abs. 2 Gr. 1, Var. 3 StGB) erfüllt. Das aufbautechnische Problem des Falles besteht nun darin, dass Streit darüber herrscht, ob § 211 StGB eine Qualifikation des § 212 StGB oder ein eigenständiges Delikt bildet.[55] Nach der ersten Auffassung ergibt sich folgende

Falllösung 1 (§ 211 StGB als Qualifikation): **160**

A könnte sich, indem er den O umbrachte, nach §§ 212, 211 Abs. 2 Gr. 1, Var. 3, Abs. 1 StGB strafbar gemacht haben. Er hat objektiv und subjektiv den Grundtatbestand des § 212 Abs.1 StGB erfüllt, indem er den B absichtlich tötete.

Er hat darüber hinaus den Qualifikationstatbestand des § 211 Abs. 2 Gr. 1, Var. 3 StGB erfüllt, da er den B tötete, um ihn zu beerben, also aus Habgier.

A handelte auch rechtswidrig und schuldhaft und hat sich im Ergebnis nach §§ 212, 211 Abs. 2 Gr. 1, Var. 3, Abs. 1 StGB strafbar gemacht.

---

[55] Näheres bei *Tröndle/ Fischer* § 211 Rn. 4, 38-43.

161   Folgt man der zweiten Auffassung, so ergibt dies folgende

Falllösung 2 (§ 211 StGB als eigenständige Norm):

A könnte sich, indem er den O umbrachte, nach § 211 Abs. 2 Gr. 1, Var. 3, Abs. 1 StGB strafbar gemacht haben.

Er hat den objektiven Tatbestand der Norm erfüllt, denn er tötete einen Menschen. Auch handelte er vorsätzlich, erfüllte also den subjektiven Tatbestand, und handelte zudem aus Habgier, nämlich um B zu beerben.

A handelte ferner rechtswidrig und schuldhaft und hat sich im Ergebnis nach § 211 Abs. 2 Gr. 1, Var. 3, Abs. 1 StGB strafbar gemacht.

Sie sehen, schon die Entscheidung, welche Normen im Obersatz erscheinen – §§ 212, 211 StGB oder nur § 211 StGB – hängt davon ab, wie das Verhältnis der beiden Normen zueinander beurteilt wird. Da es im Gutachten nicht zulässig ist, den Aufbau selbst zu begründen, und da im vorliegenden Fall beide Auffassungen zum selben Ergebnis führten (Strafbarkeit des A nach § 211 Abs. 1 StGB), bestand hier kein Anlass, auf die existierende Streitfrage einzugehen. Sie wählen dann einfach, ohne weitere Erklärung, den Aufbau, den Sie für richtig halten.

162   Wie aber, wenn die Streitfrage nicht nur für den Aufbau, sondern auch für das Ergebnis relevant ist? Dann müssen Sie sich bereits bei der Wahl des Aufbaus entscheiden, welcher Auffassung Sie folgen, sich aber mit der Streitfrage erst dann argumentativ auseinandersetzen, wenn sie *inhaltlich* relevant wird. Dies ist gewissermaßen inkonsequent, da Sie dann eine Streiterörterung durchführen, deren Ergebnis aufgrund des gewählten Aufbaus schon festliegt. Diese Inkonsequenz ist aber unvermeidbar. Wichtig ist, dass Sie nicht einer Auffassung folgen, die einen anderen als den von Ihnen gewählten Aufbau erfordert, denn dann wäre Ihr Gutachten logisch falsch!

Da diese methodische Frage ziemlich komplex ist, ist unvermeidlich auch das folgende Beispiel inhaltlich recht komplex. Versuchen Sie sich dennoch daran, indem Sie in zwei getrennten Lösungen einmal die eine, dann die andere Auffassung zum Verhältnis § 211 StGB – § 212 StGB vertreten.

163   *Beispielfall:*

Täter T tötet Opfer O aus Habgier. Hierzu hatte ihm Anstifter A geraten, der selbst nicht habgierig ist. Wie hat sich der A strafbar gemacht?

Hinweise:

1. Sieht man in § 211 StGB einen eigenständigen Tatbestand im Verhältnis zu § 212 StGB, so kommt für den Anstifter § 28 Abs. 1 StGB zur Anwendung, da dann die Habgier ein bei A fehlendes „strafbegründendes" besonderes persönliches Merkmal ist. Dies führt zu einer Strafmilderung, die nach dem Prüfungspunkt der Schuld zu erörtern ist.

2. Sieht man in § 211 StGB dagegen eine Qualifikation zu § 212 Abs. 1 StGB, so kommt für den Anstifter § 28 Abs. 2 StGB zur Anwendung, da dann die Habgier nur „strafschärfend" ist. Dies führt zu einer sogenannten Tatbestandsverschiebung von § 211 StGB hin zu § 212 StGB, die am Ende des Prüfungspunktes des Tatbestandes zu erörtern ist.

*3. Für die erste Auffassung spricht die Stellung von § 211 StGB im Gesetz: Eigentlich steht keine Qualifikation **vor** ihrem Grundtatbestand. Für die zweite Auffassung spricht, dass trotz dieser Stellung im Gesetz materiell ein für das Verhältnis Grundtatbestand – Qualifikation typisches Stufenverhältnis vorliegt.*[56]

Nehmen Sie die sonstigen Besonderheiten der Strafbarkeitsprüfung des Anstifters, falls sie Ihnen nicht ohnehin geläufig sind, einfach hin, für das methodische Problem kommt es hierauf im Einzelnen nicht an.

Falllösung 1 (§ 211 StGB als Qualifikation): **164**

A könnte sich nach §§ 212, 211 Abs. 2 Gr. 1 Var. 3 StGB, 26 StGB strafbar gemacht haben, indem er den T überredete, den O zu töten.

1. Objektiv liegt mit dem Mord des T an O aus Habgier die erforderliche vorsätzliche rechtswidrige Haupttat vor. Zu dieser stiftete A den T auch objektiv an. Subjektiv handelte A auch vorsätzlich bezüglich Haupttat und Anstiftung.

Fraglich ist aber, ob nicht eine Tatbestandsverschiebung nach § 28 Abs. 2 StGB vorgenommen werden muss. Dies wäre der Fall, wenn A besondere persönliche Merkmale im Sinne dieser Norm im Gegensatz zu T nicht erfüllte. In Betracht kommt, dass zwar T, nicht aber A habgierig war.

---

[56] Dies sind zwei recht oberflächliche Argumente; es geht hier aber auch nicht darum, in die Diskussion tiefer einzusteigen.

Fraglich ist jedoch, ob es sich hier um ein strafschärfendes, oder aber um ein strafbegründendes Merkmal handelt, ob also § 28 Abs. 2 StGB oder Abs. 1 Anwendung findet. Dies hängt davon ab, ob man § 211 StGB als Qualifikation des § 212 StGB oder als eigenständigen Tatbestand begreift. Für die letztere Auffassung spricht die Stellung der Norm im Gesetz, da sonst keine Qualifikation dem Grundtatbestand vorangestellt ist. Demnach entfiele also eine Tatbestandsverschiebung.

Diese formale Stellung kann aber nicht stärker ins Gewicht fallen als der inhaltliche Zusammenhang: Inhaltlich weisen die beiden Normen ein Stufenverhältnis auf, wie es für das Verhältnis von Grundtatbestand und Qualifikation typisch ist. § 211 StGB ist also Qualifikation, demnach ist § 28 Abs. 2 anzuwenden. Es ist folglich eine Tatbestandsverschiebung dahingehend vorzunehmen, dass im Ergebnis A den Tatbestand des §§ 212 Abs. 1, 26 StGB erfüllt hat.

2. A handelte auch rechtswidrig und schuldhaft und hat sich im Ergebnis nach §§ 212 Abs. 1, 26 StGB strafbar gemacht.

165   *Falllösung 2 (§ 211 StGB als eigenständige Norm):*

A könnte sich nach §§ 211 Abs. 2 Gr. 1 Var. 3 StGB, 26 StGB strafbar gemacht haben, indem er den T überredete, den O zu töten.

1. Objektiv liegt mit dem Mord des T an O aus Habgier die erforderliche vorsätzliche rechtswidrige Haupttat vor. Zu dieser stiftete A den T auch objektiv an. Subjektiv handelte A auch vorsätzlich bezüglich Haupttat und Anstiftung.

Fraglich ist aber, ob nicht eine Tatbestandsverschiebung nach § 28 Abs. 2 StGB vorgenommen werden muss. Dies wäre der Fall, wenn A besondere persönliche Merkmale im Sinne dieser Norm im Gegensatz zu T nicht erfüllte. In Betracht kommt, dass zwar T, nicht aber A habgierig war.

Fraglich ist jedoch, ob es sich hier tatsächlich um ein strafschärfendes und nicht eher um ein strafbegründendes Merkmal handelt, ob also statt § 28 Abs. 2 StGB nicht eher Abs. 1 Anwendung findet. Dies hängt davon ab, ob man § 211 StGB als eigenständigen Tatbestand oder als Qualifikation des § 212 StGB begreift. Für die letztere Auffassung spricht zwar, dass sich beide Normen inhaltlich zueinander verhalten wie Grundtatbestand und Qualifikation, da der Mord die tatbestandlichen Voraussetzungen des Totschlags (abgesehen von „ohne Mörder zu sein") notwendig einschließt.

Gegen diese Auffassung spricht aber die formale Stellung des § 211 StGB, nämlich sein Vorangestelltsein im Gesetz, das die Auffassung des Gesetzgebers vom eigenständigen Unrechtsgehalt des Mordes unmissverständlich zum Ausdruck bringt. § 211 StGB ist also eigenständiger Tatbestand, demnach ist § 28 Abs. 2 nicht anwendbar, so dass die Möglichkeit der Tatbestandsverschiebung entfällt.

A erfüllte also den Tatbestand der §§ 211 Abs. 2 Gr. 1 Var. 3, 26 StGB.

2. A handelte auch rechtswidrig und schuldhaft und hat sich entsprechend strafbar gemacht.

3. Es kommt § 28 Abs. 2 StGB zur Anwendung (s.o.) mit der Folge, dass die Strafe des A nach §§ 28 Abs. 1, 49 Abs. 1 StGB zu mildern ist.

10. Streiterörterung in Studium und Praxis

Zum Abschluss dieser kurzen Einführung in die juristische Methodenlehre **166** möchte ich noch einmal Ihren Blick auf die Praxis richten, nämlich auf die Praxis der Rechtsprechung. Hierzu folgender

Fall (BGHSt (GS) 30, 105 = BGH NJW 1981 S. 1965 ff.):

Im Januar 1978 drang S in die Wohnung des Angeklagten A, seines Neffen, ein, und vergewaltigte dessen Ehefrau. Aufgrund dessen löste sich diese innerlich allmählich von A und drang schließlich auf die Scheidung der bis dahin harmonischen Ehe. Erst im Oktober berichtete sie dem A, was geschehen war. In der Folgezeit unternahm sie wegen der ihr angetanen Schmach drei Suizidversuche, den letzten Ende Februar 1979.

Am 3.3.1979 trafen S und A zufällig auf der Straße zusammen. S brüstete sich der begangenen Vergewaltigung und drohte dem A, ihn gleichfalls zu „vögeln".

Daraufhin beschloss A den S zu töten. Er begab sich, bewaffnet mit einer Pistole, in eine Kneipe, in der er den S zu treffen hoffte. Tatsächlich spielte der S dort mit Bekannten Karten. A grüßte ihn beim Eintreten und begab sich an die Bar. Er erkannte, dass sich S ganz dem Kartenspiel widmete. Da gab er 14 bis 16 Schüsse auf den S ab. Dieser starb.

Rechtsmethodisch ging es um das Problem, dass A nach der bisherigen Aus- **167** legung des Begriffs Heimtücke dieses Mordmerkmal (§ 211 Abs. 2 Gr. 2 Var. 1 StGB) erfüllt hatte. Er hatte nämlich die Arg- und Wehrlosigkeit seines

Opfers in feindlicher Willensrichtung und unter Bruch bestehenden Vertrauens ausgenutzt.[57] Demzufolge wäre er unweigerlich mit lebenslanger Freiheitsstrafe zu bestrafen gewesen. Dieses Ergebnis erschien aber, und erscheint sicherlich auch Ihnen, ungerecht.

Der Große Senat des Bundesgerichtshofs, dem dieses Problem vorgelegt wurde, entschied sich gegen eine Argumentation, nach der, unter Modifizierung des Heimtückemerkmals, der vorliegende Fall als nicht von diesem erfasst hätte gelten können. Stattdessen erklärte er, dass in Ausnahmefällen (wie dem hiesigen) trotz Vorliegens eines Heimtückemordes entgegen dem eindeutigen Wortlaut des Gesetzes die absolute Strafdrohung des § 211 Abs. 1 StGB durchbrochen und die Strafe nach § 49 Abs. 1 Nr. 1 StGB gemildert werden müsse.

168   Was halten Sie methodisch von dieser Argumentation? Wäre es nicht „sauberer" gewesen, den Heimtückebegriff entsprechend zu modifizieren, oder, falls dies nicht gelang, den A nach der geltenden Gesetzeslage zu bestrafen, anstatt offen *contra legem* zu entscheiden und sich dabei auf die vagen „außergewöhnlichen Umständen des Falles" zu stützen?

Am Beispiel wird deutlich: Die Rechtsprechungspraxis verfolgt nicht dieselben Ziele wie Sie bei der Rechtsanwendung im Rahmen des Studiums: Die Rechtsprechung muss nämlich, neben aller Bemühung um methodische Richtigkeit, die Gerechtigkeit im Einzelfall beachten. *Sie* können sich eine solche Argumentation in der Klausur nicht erlauben – es sei denn, der methodische Weg ist bereits vorgezeichnet, wie hier! Behalten Sie diese andersgeartete Zielsetzung der Rechtsprechung im Auge, wenn Sie, was anzuraten ist, juristische Entscheidungen lesen!

---

[57] Näheres bei *Tröndle/ Fischer* § 211 Rn. 16-22g.